MARCO POLO

STEIERMARK

Reisen mit Insider Tipps

Was ich an diesem Land so mag, das ist die Abwesenheit großer urbaner Zentren. Stattdessen gibt es entzückende historische Städte und herrliche Bauerndörfer. Und natürlich die wunderbare Natur, die zu jeder Jahreszeit einen besonderen Reiz hat.

MARCO POLO Autorin
Anita Ericson
(siehe S. 122)

Weitere MARCO POLO Titel:
Österreich, Wien, Kärnten, Tirol, Salzburger Land, Slowenien, Ungarn

Spezielle News, Lesermeinungen und Angebote zur Steiermark:
www.marcopolo.de/steiermark

STEIERMARK

> SYMBOLE

Insider Tipp MARCO POLO INSIDER-TIPPS
Von unserer Autorin für Sie entdeckt

★ MARCO POLO HIGHLIGHTS
Alles, was Sie in der Steiermark kennen sollten

SCHÖNE AUSSICHT

WLAN-HOTSPOT

HIER TRIFFT SICH DIE SZENE

> PREISKATEGORIEN

HOTELS

€€€ über 130 Euro
€€ 80–130 Euro
€ unter 80 Euro

Die Preise gelten pro Nacht für zwei Personen im Doppelzimmer mit Frühstück

RESTAURANTS

€€€ über 20 Euro
€€ 10–20 Euro
€ unter 10 Euro

Die Preise gelten für ein durchschnittliches Hauptgericht ohne Getränke

> KARTEN

[112 A1] Seitenzahlen und Koordinaten für de Reiseatlas Steierm

[U A1] Koordinaten für di Graz-Karte im hinteren Umschlag

[0] außerhalb des Kartenausschnitts

Zu Ihrer Orientierung sind auch die Objekte mit Koordinaten versehen, die nich im Reiseatlas eingetragen s

INHALT

> SZENE

S. 12–15: Trends, Entdeckungen, Hotspots! Was wann wo in der Steiermark los ist, verrät der MARCO POLO Szeneautor vor Ort

> 24 STUNDEN

S. 96/97: Action pur und einmalige Erlebnisse in 24 Stunden! MARCO POLO hat für Sie einen außergewöhnlichen Tag um Graz zusammengestellt

> LOW BUDGET

Viel erleben für wenig Geld! Wo Sie zu kleinen Preisen etwas Besonderes genießen und tolle Schnäppchen machen können:

Einmal zahlen, und alle Museumstüren stehen offen S. 35 | Gratis zu den Lipizzanerhengsten S. 49 | Wohnen im Landhaus ab 40 Euro S. 65 | Für kleinstes Geld in Jugendstilatmosphäre speisen S. 74 | Mit der Sommercard günstig hinauf auf den Dachstein S. 86

> GUT ZU WISSEN

Was war wann? S. 10 | Spezialitäten S. 26 | Erzherzog Johann S. 42 | Klapotetz S. 54 | Bücher & Filme S. 62 | Blogs & Podcasts S. 73 | Der Toplitzsee S. 84 | www.marcopolo.de S. 106 | Was kostet wie viel S. 107 | Wetter in Graz S. 108

AUF DEM TITEL

Aktionszentrum Kunsthaus S. 35
Dachsteingebirge im Sonnenaufgang S. 91

ENTDECKEN SIE DIE STEIERMARK!

Unsere Top 15 führen Sie an die traumhaftesten Orte und zu den spannendsten Sehenswürdigkeiten

Die Highlights sind in der Karte auf dem hinteren Umschlag eingetragen

1 Dom und Mausoleum in Graz
Barockes Gotteshaus und monumentales Grabmal des Habsburger Königs und Kaisers Ferdinand II. (Seite 32)

2 Kunsthaus
Der Gegenpol zur alten Architektur ist in Graz das moderne Kunsthaus an der Mur. Architektonisch spektakulär, zeigt das Haus zeitgenössische Kunst (Seite 34)

3 Schlossberg
Romantisch: Direkt unter dem Grazer Wahrzeichen, dem Uhrturm, öffnet sich ein phantastischer Blick über die City (Seite 35)

4 Palais-Hotel Erzherzog Johann
Fürstlich wohnen mitten in der Grazer Innenstadt (Seite 39)

5 Lipizzanerwelt Piber
Die Pferde der berühmten Wiener Hofreitschule sind hier zu Hause (Seite 46)

6 Sausal
Das Weinland liegt Ihnen zwischen den Flüssen Sulm und Laßnitz dramatisch zu Füßen (Seite 52)

7 Bad Radkersburg
Die Stadt an der Grenze zu Slowenien lockt mit Thermalquellen und der längsten Sonnenscheindauer in ganz Österreich (Seite 57)

8 Riegersburg
Spektakulär erhebt sich die Burg auf einem Vulkanfelsen. Nach dem Hexenmuseum müssen Sie unbedingt noch zur Schokoladenmanufaktur Zotter (Seite 64)

> DIE BESTEN MARCO POLO HIGHLIGHTS

9 Schloss Herberstein
Das Schloss liegt gut versteckt in einem dunklen Tal. Sehenswert ist neben der Anlage auch der Tierpark (Seite 67)

10 Altstadt Leoben
Immer wieder stößt man beim Bummel durch die hübsche Stadt auf ihre Bergbauvergangenheit (Seite 69)

11 Semmeringbahn
Die erste Gebirgsbahn Europas eröffnete Österreich eine schnelle Verbindung nach Italien (Seite 75)

12 Mariazell
Die Basilika in waldreicher Gegend ist das bedeutendste Wallfahrtsziel Österreichs. Viele kommen zu Fuß von weit her (Seite 76)

13 Altaussee
Friedrich Torberg schrieb dem idyllischen Ort sogar ein Sehnsuchtsgedicht auf den Leib: Altaussee ist bis heute die Heimat der Literaten (Seite 81)

14 Stift Admont
Die hochbarocke Stiftsbibliothek wurde frisch renoviert, 70 000 alte Bücher werden in neuem Glanz präsentiert. In weiteren Räumlichkeiten des Stifts sind Sammlungen und Museen untergebracht (Seite 86)

15 Dachstein
Der höchste Berg der Steiermark misst fast 3000 m. Beeindruckend sind die Auffahrt mit der Gondelbahn, der Skywalk, der Eispalast und letztlich die ganze Hochgebirgslandschaft (Seite 91)

Blick von Ramsau auf den Dachstein

AUFTAKT

Hohe Berge und sanfte Mittelgebirgslagen, idyllische Seen und wilde Flüsse, sonnige Weinberge und dichte Wälder. Dazwischen Kleinode historischer Städtebaukunst und reiche Kulturschätze, die teils noch aus dem frühen Mittelalter datieren. Eine lebenslustige Hauptstadt mit geradezu mediterranem Flair. Ein herzlicher, unprätentiöser Menschenschlag, der Sie willkommen heißt. All das ist die Steiermark. Atmen Sie die kristallklare Luft tief ein, und genießen Sie dieses vielfältige Urlaubsland. Das Beste daran: Alles liegt so eng beieinander, dass sich oft schon hinter der nächsten Hügelkuppe eine ganz neue Welt auftut.

> Die Landschaft spielt eine Symphonie in Grün. Egal, wo Sie zuerst steirischen Boden betreten, es sind die unzähligen Nuancen dieser einen Farbe, die Ihnen als Erstes ins Auge stechen werden. Vom kräftigen Smaragdgrün der Bergwälder bis zum hitzeverwöhnten Pastell der Ebenen reichen die Schattierungen.

Die Steiermark wird auch Grüne Mark genannt. Denn Wälder bedecken 57 Prozent der Landesfläche, Grünland – Wiesen, Weiden, Almen – nochmals 18 Prozent. Diese herrliche Natur ist der Rahmen für Ihre Urlaubsaktivitäten. Sie haben die Wahl, ob Sie lieber Felswände hochkraxeln oder die Seilbahn nehmen, um loszuwandern. Ob Sie durchs Wildwasser paddeln oder sich auf der Liegewiese am See aufs Handtuch fläzen.

Generationen verdienten sich ihr täglich Brot als Bergarbeiter, Holzfäller und Bauern. Das hat geprägt: Noch heute sind die ländlichen Steirer bescheiden, erdverbunden, manchmal recht rau, aber herzlich. Da kann es passieren, dass Sie eine halbe Stunde nach Küchenschluss ausgehungert und müde ins Dorfgasthaus stolpern und die Wirtin Sie dennoch zu Tisch bittet, die Küche sei ja noch nicht kalt. Der dampfende Schweinsbraten ist schnell serviert, und nachdem nicht mehr viel los ist, setzt sich die Gastgeberin auf einen kurzen Plausch dazu.

Die Steiermark ist flächenmäßig das zweitgrößte aller österreichischen Bundesländer, doch gemessen an der Einwohnerzahl liegt sie nur auf Rang vier. Gerade einmal 1,2 Mio. Menschen verteilen sich auf rund 1400 km². Diese Fläche entspricht in etwa der Größe Schleswig-Holsteins, mit dem Unterschied, dass die Steiermark von deutlich weniger als der Hälfte Einwohner besiedelt ist.

> Barocke Pracht trifft auf moderne Architektur

Das heißt. es erwarten Sie weite Landstriche mit viel Raum für eigene Entdeckungen. In den einsamsten Winkeln stehen Sie plötzlich vor stolzen Stiften, die, wie in Admont, Vorau oder Pöllau, in ihrer barocken Pracht den Atem rauben. Postmoderne Kuben und Glasfassaden überraschen Sie an unerwarteten Stellen. Moderne Architekten haben ihre Handschrift an den Weingütern der Spitzenwinzer im Süden sowie an den

Badetempeln im Thermenland hinterlassen.

Das Land teilt sich in zwei Lebensräume – die Bergregionen im Norden und die sanften Hügellandschaften im Süden und Osten. Die Flüsse Mur und Mürz, die aus West und Ost aufeinander zufließen, durchschneiden die Steiermark in ihrer Längsachse, bevor sie sich vereinen und gemeinsam Richtung Süden abdrehen. Im Norden liegen die Alpen, einen Höhenzug weiter südlich beginnt die Landschaft wellig auszurollen. Man bezeichnet die beiden Täler auch als Mur- und Mürzfurche, die mit ihren großen, vorwiegend eisenverarbeitenden Industrien nach der Region Graz das zweite wirtschaftliche Standbein des Landes ist. Die kleinen Handwerksbetriebe, die über die Jahrhunderte hier Erz verarbeitet hatten, verschwanden mit der industriellen Revolution. Aus den Fabriken, die damals entstanden, haben sich nun moderne Hightechunternehmen entwickelt.

> Graz, die Landeshauptstadt, präsentiert sich weltoffen

Mit Leoben, Kapfenberg, Bruck und Knittelfeld liegen in der Mur- und Mürzfurche auch die größten Städte der Steiermark mit Ausnahme von Graz. Keine einzige davon zählt mehr als 25 000 Einwohner, das Attribut City kann man also wirklich nur der Hauptstadt zuschreiben – im internationalen Vergleich indes ist Graz mit einer Viertelmillion Bewohnern von eher zwergenhaftem Ausmaß.

Zwischen Bäumen und Bergen steht ein Kirchlein im Grünen – hier St. Marein bei Knittelfeld

WAS WAR WANN?

Geschichtstabelle

80 000 v. Chr. Die ersten Menschen besiedeln die Steiermark, wie Funde in der Repulusthöhle bei Peggau belegen

3. Jh. v. Chr. Keltische Stämme wandern aus Ungarn und der Krain (heute Slowenien) ein

378 Beginn der Völkerwanderung, die Steiermark wird slawisch besiedelt

9. Jh. Bayern und Magyaren kämpfen um die Herrschaft über die Region

1122 Markgraf Leopold aus dem Geschlecht der Traungauer leitet jene Entwicklungen ein, die zur Entstehung des Landes Steiermark führen

1192 Das Herzogtum Steiermark fällt an die Babenberger

1278 Das Babenberger Erbe fällt an das Haus Habsburg

1379 Teilung der Habsburgischen Länder; Graz wird Residenzstadt von Innerösterreich (Steiermark, Kärnten, Krain, Triest, Inneristrien)

16. Jh. Alpinistische Erschließung der steirischen Bergwelt

1918 Nach dem Ende des Ersten Weltkrieges schließt sich die Untersteiermark an das Königreich Jugoslawien (heutige Slowenien) an

1968 Der Steirische Herbst wird ins Leben gerufen

2003 Graz ist Kulturhauptstadt Europas

2007 Der Papst besucht Mariazell

Das stört allerdings kaum jemanden. Stolz trägt man den Titel Unesco-Weltkulturerbe und präsentiert sich gleichzeitig modern und zukunftsorientiert. Die alten Häuser haben zeitgemäße Nachbarn bekommen, und die hiesige Avantgardekunst, deren jährlicher Höhepunkt der Steirische Herbst ist, ist schon seit Jahrzehnten richtungsweisend. Ein reges Kulturleben für alle Schichten bieten Kleinkunstbühnen und -festivals, Schauspielhaus, Oper, freie Theater, Museen und Galerien. Zudem ist jeder fünfte Einwohner der Stadt Student – so blüht auch das Nachtleben.

> Die Heimat guter Weine und heißer Thermalquellen

Jede Region der Steiermark hat ihre eigenen Highlights: Im Weinland im Süden werden edle Tropfen gekeltert, die ihre Wege bis nach Amerika finden. Doch was gibt es Besseres, als einen guten Wein direkt bei seinem Erzeuger zu verkosten, auf einer sonnigen Terrasse, nachdem man mit dem Winzer durch seinen Keller gegangen ist? So schmeckt der Steirer Tropfen noch besser als in einer schicken Bar in der Ferne. Was dem Süden seine Weine, sind dem flachen Osten des Landes die Thermen: eine Attraktion, die den Besuch lohnt. Gespeist von heilkräftigen Quellen aus der Tiefe, verwöhnen gleich neun Thermen ihr jeweiliges Publikum – von verliebten Paaren über Kurgäste bis hin zu Familien.

Die Quellen haben ihren Ursprung in der vulkanischen Vergangenheit des

Landstrichs, wie auch die fruchtbaren Böden, die hervorragende Ernten einbringen. Die bekannteste Frucht ist der Kürbis, dessen Kerne zum kulinarischen Wahrzeichen der Steiermark verpresst werden: dem Steirischen Kürbiskernöl. Das dickflüssige Öl mit dem intensiven Nussaroma sollten Sie unbedingt probieren!

Ein Ort voller Geschichte: Seit 1681 krönt die Mariensäule den Hauptplatz von Pöllau

Wer besonders liebliche Landschaften schätzt, wird sich im Hügelland bei Graz wohlfühlen, das an Slowenien und an das schmale Burgenland grenzt, hinter dem Ungarn beginnt. Die sanfte Landschaft mit dem milden Klima scheint einer Ansichtskarte der 1950er entsprungen: Der Eiserne Vorhang machte sie für viele Jahrzehnte zu einer Sackgasse, was ihr dramatische Fehlentwicklungen erspart hat, und vielerorts haben sich die traditionellen Haus- und Hoflandschaften erhalten. Dieser Teil der Steiermark hat eine beruhigende Wirkung aufs Gemüt, seine Bewohner sind weniger kantig als in den Alpen. Man erfreut sich hier am Detail: Jeder ist versucht, den Gästen sein besonderes Lieblingsplatzerl in einem üppigen Klostergarten, unter einem alten Baum oder direkt in Weinhängen zu zeigen. Diese Ecke der Steiermark zeichnet sich im Besonderen durch ihre Küche aus, die bei aller Gourmetreife und allen Preisen nie die Bodenhaftung verliert. Und das ist typisch für diese Region, denn bei aller Weltklasse: Steiermark und Steirer bleiben sich stets treu.

TREND GUIDE STEIERMARK

Die heißesten Entdeckungen und Hotspots!
Unser Szene-Scout zeigt Ihnen, was angesagt ist

Reinhard Kleindl
arbeitet in Graz als Journalist und Autor. Unser Trend-Scout ist begeisterter Kletterer und dadurch auf den von Kletterern entwickelten Trendsport Slacklining aufmerksam geworden. Abends findet man ihn häufig bei Livekonzerten, alternativen Theateraufführungen und Lesungen, wo er die neuesten Trends auskundschaftet. Als Ausgleich zieht es ihn aber immer wieder zum Balancieren in die Parks.

OPEN ART

Neue Kunst im öffentlichen Raum

Wer sich unter einem Flugzeugknäuel nichts vorstellen kann, sollte einmal im *Österreichischen Skulpturenpark* vorbeischauen. Das riesige Kunstwerk aus Flugzeugteilen ist eine von mehr als 50 zeitgenössischen Skulpturen, die hier zwischen Bäumen und Sträuchern auf Besucher warten *(Thalerhofstr. 85, Unterpremstätten, www.skulpturenpark.at,* Foto*)*. Außergewöhnlich sind auch temporäre Installationen wie z. B. die Mühlgang Kinetics des Künstlernetzwerks *Sofa 23*. Mit einer Vorrichtung, die eher an ein Forschungslabor als an ein Kunstwerk erinnert, wollen Tobias Kestel, Florian Puschmann und Karin Cepin die Strömung des Grazer Flusses Mühlgang hörbar machen und so die Grazer ermutigen, sich näher mit ihrem Fluss auseinanderzusetzen *(www.sofa23.net)*. Das *Forum Stadtpark* bietet in seinem Garten jede Menge Raum für eigensinnige Kunstwerke *(Stadtpark 1, Graz, www.forum.mur.at)*.

SZENE

NEW JAZZ IN GRAZ

Trompetensounds mit Rockallüren

Die Einflüsse des Balkans und Osteuropas verleihen der Grazer Musikszene ihren besonderen Charme. Von dieser Vielfältigkeit lebt auch die Musik der Jazzband *Studio Dan*, die mit ihrem eigenwilligen Mix aus klassischer Musik, Rock, Experimentalmusik und Jazzelementen das Publikum begeistert *(www.studiodan.at*, Foto*)*. Zwischen Backsteinmauern und Metallschildern im Retrolook dudelt und trompetet es allsonntäglich live im zweiten Untergeschoss des *Thomawirt (Leonhardstr. 40–42, Graz, www.thomawirt.at)*. Donnerstags zieht es Jazzliebhaber dagegen in den *Fat Tuesday*, den Jazzclub im *Orpheum Extra (Orpheumgasse 8, Graz, www.fattuesdayjazz.com)*. Infos und Termine rund um die Grazer Jazzszene gibt's vom *Jazzkartell* unter *www.grazjazz.at*.

KREATIVES IM KOCHTOPF

Wenn Kernöl auf Haute Cuisine trifft

Erdäpfel, Nockerl und Schwammerl gehören genauso in die steirische Küche wie Kernöl – und sind eigentlich nichts Ungewöhnliches. Spannend wird es allerdings, wenn heimische Spezialitäten raffiniert verpackt auf Haute Cuisine stoßen. Z. B. als Topfennockerl in Wiesenkräuterschaumsuppe oder als Sellerie-Maroni-Lasagne, die der Chefkoch des *Schlosshotel Obermayerhofen* serviert *(Neustift 1, Sebersdorf, www.obermayerhofen.at)*. Gerhard Fuchs vom *Gasthaus Kreuzwirt* verleiht seinen Gerichten einen französischen Touch, was sich z. B. in glaciertem Bries mit Kürbis widerspiegelt *(Pössnitz 168a, Leutschach, www.gasthaus-kreuzwirt.at*, Foto*)*. In der *Villa Hollerbrand* steht steirisch-pazifische Fusionküche auf dem Speiseplan *(Seggauberg 75, Leibnitz, www.villahollerbrand.at)*.

MUTIGE DESIGNS

Lässig und trotzdem sexy

Wollkleider sind oll und haben auf den Laufstegen nichts verloren? Nicht wenn sie von den Mädels von *Pell Mell* designt wurden. Denn die geben ihren Kreationen durch rückenfreie Schnitte oder Wickeloptik einen sexy Touch *(Mandellstr. 4, Graz, www.pellmell.at*, Foto*)*. Die Grazer Designerin *Ni-Ly* setzt in ihrer aktuellen Kollektion auf wallende Outfits *(erhältlich auch bei Pell Mell, www.ni-ly.com)*. Die Designs von *Carmen* kommen durch Frotteeoptik zur Geltung *(z. B. bei Shakti's Garden, Klosterwiesgasse 13, Graz, www.carmen.co.at)*.

TRENDBIKE PEDELEC

Radeln mit Elektromotor

„Strampeln für die Umwelt" ist das Motto in der Steiermark. Und damit die hügelige Landschaft auch bezwungen werden kann, gibt es neuerdings Elektrobikes, sogenannte Pedelecs. Deren Kauf wird sogar von der Landesregierung gefördert *(www.radland.steiermark.at*, Foto*)*. So steigen nicht nur Taxifahrer auf Rikschas mit Elektromotor um *(anfordern unter Tel. 0680/3149567)*, sondern auch Wallfahrer. Mit E-Bike und Co. geht es nach Mariazell *(www.elektrowallfahrt.at)*. Neugierig geworden? Testen kann man die Räder bei dem Verein *Bicycle (Testcenter Rechbauerstr. 57 oder Testcenter Körösistr. 5, Graz, www.bicycle.at)*.

DARF ICH BITTEN?

Wiener Walzer & wallende Roben

Durch Sendungen wie *Let's Dance* oder das österreichische Pendant *Dancing Stars* erlebt der Gesellschaftstanz ein Revival. Immer mehr werfen sich in Schale und tanzen auf Bällen wie der *Opernredoute (www.opernredoute.com*, Foto*)* oder dem *Multikultiball (www.multikulti.at)*. Wiener Walzer und Co. lernen Sie bei *Die Tanzschule (z. B. Peter Roseggerstr. 24, Graz, www.dietanzschule.at)*. Die Robe für den großen Aufritt schneidert *Friederike Sulzer*. Ihre Ballmode zum Mieten gibt man nach einer durchtanzten Nacht einfach zurück *(Exklusiv-Maß-Moden, Hauptstr. 32, Nestelbach, www.massmoden-sulzer.com)*. Bei *Steinecker* decken sich Tanzbegeisterte im Ballshop ein *(Shoppingcity Seiersberg 5 (oben), Seiersberg, www.steinecker.at)*.

HOLZ & HIGHTECH

Hüttendörfer mit Komfort

Hoch oben über den Städten vereinen die neuen Almdörfer Tradition und Moderne. Damit sind sie eine gelungene Kombi aus Ferien auf dem Bauernhof und Luxushotel. Wenn letzte Sonnenstrahlen die Gipfel der Berge rot färben und sich eine andächtige Stille über die Natur legt, ist das an sich schon ein ergreifendes Erlebnis. Wenn man das Schauspiel jedoch von einer Designliege vor einer idyllischen Alm aus verfolgt, wird es unvergesslich. In der *Reiteralm* bei Schladming trifft Nostalgie auf Hightech, von der man sich am besten im wohlig warmen Whirlpool überzeugt *(www.almdorf-reiteralm.at,* Foto*)*. Auch selbst zu kochen gehört in den Luxusdörfern der Vergangenheit an, denn in den Restaurants des Almhüttendorfes *Turracher Höhe* ist man kulinarisch auf der sicheren Seite *(www.almdorf-turrach.at)*. Die Hütten von *Hagan Lodge* wurden nach dem Stil der Ausseer erbaut *(Lichtersberg 84, Altaussee, www.hagan-lodge.at)* und sind ebenso gemütlich wie die des Hüttendorfs *Pruggern (Galsterbergalm, www.huettendorf-pruggern.com)*.

MODERNER SEILTANZ

Balanceakt im Stadtgarten

Schritt für Schritt tasten sich die modernen Seiltänzer in Stadtparks auf den Seilen entlang, bis langsam auch erste Sprünge und Salti gelingen. Slacklining heißt der neue Trendsport aus Amerika, er stammt ursprünglich aus der Kletterszene. Der Verein *Slackline.at* bringt die Grazer Szene unter einen Hut. Live erlebt man sie am besten montags im Grazer Augarten. Außerdem bieten die Cracks auch Workshops und Kurse an *(www.slackline.at,* Foto*)*. Im Slacklinepark im *Bildungshaus Schloss Retzhof* können sich Interessierte an sieben verschiedenen Lines und kniffeligen Gleichgewichtsübungen versuchen *(Dorfstr. 17, Leitring/Leibnitz, www.retzhof.at)*. Wen das Slacklinefieber gepackt hat, der holt sich das richtige Equipment bei *Bergfuchs (Hans-Resel-Gasse 7, Graz, www.bergfuchs.at)*.

> SERVUS DIE LEDERHOSE

Von Architektur bis Wirtschaft: Alte Meister und moderne Geister geben der Steiermark ihre besondere Note

ARCHITEKTUR

Am Anfang stand die sogenannte Zeichensaalrevolution: Getragen vom Stimmungshoch der 1968er-Bewegung, engagierten sich Architekturstudenten der Grazer TU für visionäre Ideen von Städtebau und Lebensräumen. Experimentierfreudig sollte ihre Architektur sein, mit einem Willen zu neuen Formen. Es entstand die „Grazer Schule", ein Architekturstil von internationalem Renommee. Auch die jüngste steirische Architektengeneration beruft sich mit einer zurückhaltenden, schnörkellosen Formensprache auf die Grazer Schule. Beispiele dafür gibt es überall im Land; z. B. das Kunsthaus Graz, den Skywalk am Dachstein, das Schiestlhaus (Schutzhütte in hochalpiner Lage) oder das Weingut Sabathi, wo man sich maximal von rustikaler Winzerseligkeit entfernt hat. Schöne Sym-

Bild: im Ennstal

STICH WORTE

biosen von Alt und Neu finden sich in Stiften und Schlössern. Bei Steiermark Tourismus gibt es dazu einen eigenen Folder.

BEGRÜSSUNG

„Griaß Di", „Griaß Eich" oder „Servus" – so lautet der gängige Gruß, wenn sich zwei am Berg oder in der Hütte begegnen. In der Stadt ist ein herzliches „Grüß Gott" angebracht. Zum Abschied sagt man entweder „Auf Wiedersehen" oder ganz zwanglos „Tschau".

BIER

Gefeiert wird die Steiermark für ihre Weine. Dabei hat Bier hier eine ebenso lange Tradition. Schon im frühen Mittelalter begannen die ersten Klöster Bier zu brauen – für den Eigenbedarf der Mönche, aber auch für den Ausschank an Pilger, Wanderer und Bedürftige. Auch auf privaten Höfen wurde Bier gebraut, die Aufgabe fiel in den Zuständigkeitsbereich der Frau – ein Sudkessel war obligatorisch ein Teil der Mitgift. Heute gibt es rund 30 Brauereien in der Steiermark, die bekanntesten Marken sind Gösser, Puntigamer und Murauer. Aber auch Privat- und Wirtshausbrauereien stellen noch Bier her, was für teils unerwartete Geschmackserlebnisse sorgt. Hopfen wird in der Gegend um Leutschach angebaut.

BODENSCHÄTZE

Die Steiermark ist reich an Bodenschätzen. Eine historisch bedeutende Stätte ist der Erzberg bei Leoben mit dem weltweit größten Sideritvorkommen. Aus Siderit – einem Eisenerz – werden Eisen und Stahl produziert, heute noch in großem Stil von der Firma Voest in Donawitz bei Leoben. Das Verfahren, nach dem 60 Prozent der Weltstahlproduktion hergestellt werden, heißt übrigens LD-Verfahren – benannt nach den österreichischen Produktionsstätten in Linz und Donawitz, wo es entwickelt wurde.

Eine jahrtausendealte Tradition hat der Salzabbau – nicht nur in der Steiermark, sondern auch in anderen Teilen Österreichs. Die letzten Salinen, aus denen heute noch gefördert wird, finden sich im steirischen Ausseerland, im nahe gelegenen Hallstatt sowie in Bad Ischl in Oberösterreich.

LEDERHOSE

Traditionelles Kleidungsstück, das vor allem im Ausseerland, aber auch in den anderen alpinen Regionen zum Alltag gehört. Sie wird aus Hirsch- oder Gamsleder vom Säckler, also dem Lederbekleidungserzeuger, von Hand gefertigt. Gefärbt wird das Leder in der Gerberei mit Naturfarben. Geläufig ist sowohl die kurze als auch die knielange Version. Je nach Kontostand des Auftraggebers wird die obligatorische Stickerei mehr oder weniger aufwendig gestaltet.

LITERATUR

Große Literaten haben in der Steiermark ihre Heimat: Barbara Frischmuth, Gerhard Roth oder Peter Rosegger. Und dann natürlich die in Mürzzuschlag geborene Elfriede Jelinek, die 2004 den Literaturnobelpreis bekam. Sie ist eine unbequeme Schriftstellerin, die in ihren Texten provokant und sarkastisch gegen Missstände in der österreichischen Gesellschaft und Politik anschreibt. Die Preisverleihung war ein Schlag in die Magengrube konservativer Kreise, aber vor allem der rechten Szene, die Jelinek als Nestbeschmutzerin ihrer Heimat verteufeln.

MANDLKALENDER

Alter Bauernkalender in Buchform, der seit Mitte des 18. Jhs. herausgegeben wird. Entstanden ist er für die breite Schicht jener, die weder lesen noch schreiben konnten. Die gibt es zwar heute praktisch nicht mehr, dafür sind seine Wetterprognosen fürs ganze Jahr der Renner. Heute liegen den Vorhersagen freilich nicht nur alte Überlieferungen, sondern auch ganz moderne Computertechniken zugrunde. Der Name „Mandl“ leitet sich von den Halbfiguren der männlichen und weiblichen Heiligen ab, die das bunte Werk illustrieren.

MEISTERSTRASSE

Mit der Meisterstraße hat man eine Plattform für altes Handwerk geschaffen und hofft so, einen Beitrag zu deren Renaissance zu leisten. In der Steiermark haben sich 50 Betriebe der Initiative angeschlossen, die in den vier Regionen Ausseerland-Salzkammergut, Holzwelt Murau, Mariazellerland-Mürztal und Steirisches Vulkanland angesiedelt sind. Sie kommen aus den unterschiedlichsten Branchen: Schmiede und Schlosser, Hafner (Töpfer) und Zimmerer, solche aus der Kulinarik und aus der Trachtenerzeugung. Mehr Infos unter *www.meisterstrasse.at*.

NATURSCHUTZ-GEBIETE

Eine der größten Ressourcen der Steiermark ist ihre weitgehend intakte Natur. Sie zu bewahren ist das Ziel von Nationalparks und Naturparks. Sechs Nationalparks gibt es in ganz Österreich, der jüngste von ihnen liegt in der Steiermark: der 2002 begründete Nationalpark Gesäuse. Die Lebensräume Wasser, Wald, Alm und Fels sind seine prägenden Elemente. Die Enns bildet das Rückgrat des Parks und ist Heimat für viele gefährdete Pflanzen- und Tierarten. Nirgendwo sonst ist die steirische Natur strenger geschützt als im Nationalpark. Im Gegensatz dazu sollen Naturparks charakteristische Kulturlandschaften – wie Weideland oder Streuobstwiesen – bewahren. Sie sind für

Sie ist ein Stück Steirer Lebenskultur: die handgefertigte Lederhose

Besucher mit Wegen und Lehrpfaden erschlossen. Sieben der insgesamt 44 österreichischen Naturparks liegen in der Steiermark: das Almenland, das waldreiche Mürzer Oberland, das Pöllauer Tal mit seinen Äckern und Obstbaumreihen und das Südsteirische Weinland. Außerdem der wasserreiche Naturpark Eisenwurzen, der Naturpark Sölktäler mit seinen Hochalmen und das Gebiet Zirbitzkogel-Grebenzen mit seinen Teichen, Wiesen und Wäldern. Darüber hinaus sind 41 steirische Gebiete als Natura 2000 ausgewiesen: Dabei handelt es sich um ein länderübergreifendes Netz von Schutzgebieten, mit dem Ziel, den Lebensraum wild lebender Tiere und Pflanzen zu erhalten. Informationen: *www.naturschutz.at*

ARNOLD SCHWARZENEGGER

Man nennt ihn auch die „Steirische Eiche": 1947 in Thal bei Graz geboren, schaffte Arnold Schwarzenegger als Bodybuilder den Sprung über den großen Teich und wurde zum gefeierten Hollywoodstar („Terminator"), bevor er in die Politik ging. Heute ist er Gouverneur von Kalifornien. 1997 wurde ein Stadion in Graz nach ihm benannt – als Schwarzenegger jedoch in Kalifornien das Gnadengesuch eines zum Tode Verurteilten ablehnte, wurde die Sportstätte wieder in „Stadion Graz-Liebenau" zurückbenannt. Arnie hat es verschmerzt.

Von der Burgruine Klöch geht der Blick weit ins steirische Thermenland

SULMTALER HUHN

Die Heimat dieses Federviehs sind die Streuobstwiesen, Weinhügel und Kastanienwälder der südlichen Steiermark – das Sulmtal. Schon im 14. Jh. wurde das Tier als Fleisch- und Eierlieferant hoch geschätzt. Speziell der Kapaun krönte als besondere Delikatesse Europas kaiserliche Festtafeln. Mit dem Aufkommen der industriellen Hühnerzucht drohte der alten Nutztierrasse das Aus, doch mit der gastronomischen Rückbesinnung auf unverfälschte Geschmackserlebnisse feierte auch das Sulmtaler Huhn sein Revival. Seine Haltung stellt an die Bauern einige Ansprüche: Es darf ausschließlich im Freiland gehalten werden und braucht hier ausreichend Auslauf und Schatten. Dafür lebt es auch sechs Mal so lange wie andere Hühner und zeichnet sich durch ein besonderes Aroma mit Biss aus.

WIRTSCHAFT

Viele Steirer arbeiten in der Industrie, die wichtigsten Zweige sind Maschinen- und Fahrzeugbau, Metallerzeugung und -verarbeitung sowie Elektronik und Elektrotechnik. An traditionellen Industriestandorten, etwa entlang der Flüsse Mur und Mürz, wird mittlerweile nicht mehr nur produziert, sondern auch erfolgreich geforscht. Nach wie vor eine große Rolle spielt die Land- und Forstwirtschaft. Tannen- und Mischwälder nehmen mit Abstand die größte Nutzfläche ein, gefolgt von Grünland – Wiesen, Weiden, Almen – und erst dann, weit abgeschlagen, die Felder. Von rund 44 000 bäuerlichen Betrieben sind mehr als ein Drittel im Haupterwerb und – einer erfreulichen Entwicklung der letzten Jahrzehnte folgend – bereits zehn Prozent nach biologischen Richtlinien geführt.

SOU, WIA'S FRIA WOR

Maskeraden zum Winterende und Samsonfiguren im Hochsommer: In der Steiermark ist das Brauchtum noch lebendig

FEIERTAGE

1. Jan. Neujahr; **6. Jan.** Hl. Drei Könige; **Ostermontag; 1. Mai** Tag der Arbeit; **Christi Himmelfahrt; Pfingstmontag; Fronleichnam; 15. Aug.** Mariä Himmelfahrt; **26. Okt.** Nationalfeiertag; **1. Nov.** Allerheiligen; **8. Dez.** Mariä Empfängnis; **25. Dez.** Weihnachten; **26. Dez.** Stefanitag

FESTE UND VERANSTALTUNGEN

Januar/Februar

Fasching im Ausseerland: Trommelweiber, Männer in rüschigen Frauennachthemden sowie *Flinserl*, prunkvoll gekleidete Gestalten, verabschieden lautstark den Winter. *Faschingsmontag und -dienstag*

März

Diagonale: Festival des österreichischen Films in Graz. *www.diagonale.at*

April

Apfelblütenfest: Musik, Brauchtum und Jahrmarkt im Apfeldorf Puch, wenn Ende April Tausende von Apfelbäumen in voller Blüte stehen.

Mai

★ *Narzissenfest*: Ende Mai im Ausseerland. Der Höhepunkt des Festes sind die beiden Blumenkorsos am Sonntag (Autokorso in Bad Aussee; Bootskorso am Grundlsee) mit riesigen Figuren, die mit Narzissenblüten geschmückt sind. *www.narzissenfest.at*

Anfang Juni

Ramsauer Frühlingsfest: Höhepunkt ist der Festumzug mit über 40 Trachtengruppen, Musikkapellen und prächtig geschmückten Pferdekutschen.

Juli

▶▶ *styriarte:* Festspiele der klassischen Musik in Graz, gewidmet dem Dirigenten und Musiker Nikolaus Harnoncourt *http://styriarte.com*

▶▶ *Jazzsommer Graz:* Legendäre Jazzgrößen spielen vier Wochen lang jeden Do, Fr und Sa auf.

>EVENTS FESTE & MEHR

Mid Europe: Europas größtes Blasmusikfestival – aber auf Orchesterniveau. In Schladming und Haus im Ennstal. *www.mideurope.at*

Ennstal Classic: Oldtimerrennen in den steirischen Bergen um Gröbming. *www.ennstal-classic.at*

Schilcherberg in Flammen: Das traditionelle Jakobifest zur ersten Traubenreife Ende Juli wird in Deutschlandsberg mit bengalischem Feuer, Feuershow und Feuerwerk begangen.

August

La Strada: Straßentheater auf höchstem internationalem Niveau in ganz Graz (erste Augustwoche). *www.lastrada.at*

Samson Umzug: Seit 1718 wird jedes Jahr zu Mariä Himmelfahrt die barocke Riesenfigur Samson unter lauten Salutschüssen der Bürgergarde durch die Stadt Murau getragen. Ein sehr spezielles Fest.

September

▶▶ *Aufsteirern:* Die Grazer Altstadt wird zum Dorfplatz, mit Tanz, Musik, Gesang, Dichtung, Handwerk und gutem Essen. Die steirische Volkskultur in ihrer ganzen Bandbreite, ein Must für jeden Grazer.

Weinlesefeste: Ab Mitte September finden im ganzen Weinland Press- und Erntedankfeste statt, Volksmusik, kulinarische Herbstspezialitäten und Weinverkostungen sind das übliche Rahmenprogramm. *www.weinland-steiermark.at*

Oktober/November

▶▶ ★ *Steirischer Herbst*: Das große Kunstfestival der Avantgarde steht jedes Jahr unter einem neuen Motto, zu dem hochklassige Projekte und Produktionen aus allen Sparten der zeitgenössischen Kunst präsentiert werden. *www.steirischerherbst.at*

Dezember

Adventsmärkte: Die stimmungsvollen Höhepunkte der Vorweihnachtszeit sind der Grazer und der Mariazeller Advent, aber auch der besinnliche Admonter Advent, wo die imposante barocke Krippe zu bestaunen ist.

> DAS GUTE LIEGT SO NAH

Nichts schätzt man in der Steiermark mehr als gutes Essen und Trinken. Am liebsten so, wie es bei der Oma schon geschmeckt hat

> Gerne verzichten die Steirer auf neungängige Menüs mit hochgestochenen Namen, aber jeweils bloß drei Klecksen auf dem Teller. Da vergeht ihnen schnell der Hunger. Ein gut gefüllter Teller ist nämlich eine Grundvoraussetzung für ein gelungenes Mahl.

Kulinarisch lieben es die Steirer traditionell: Selbst die junge Generation zieht die heimischen Gerichte der Fast- oder Fusionküche vor. Die steirische Küche ist beeinflusst von der slowenischen und – in Teilen – von der italienischen Kochkunst und präsentiert sich variantenreich: Kräftige Suppen und Braten sowie süße Mehlspeisen stehen den leichteren Spielarten wie knackigen Salaten oder zarten Fischen gegenüber.

In den letzten Jahren haben die Preise in der Gastronomie angezogen, begleitet von einem enormen Qualitätsschub. Besonders viel Wert wird heute im guten Restaurant auf beste

Bild: Graz, Restaurant auf der Insel in der Mur

ESSEN & TRINKEN

regionale Zutaten gelegt. Fleisch aus Massentierhaltung ist ebenso verpönt wie Treibhausgemüse aus Holland. Weidelämmer, Schweine und Hendl kommen vom (Bio-)Bauern nebenan, Saibling und Forelle sind fangfrisch, das Wild stammt aus dem Nationalpark Gesäuse oder vom Hochschwab, das Rindfleisch aus dem Almenland – das Gute liegt so nah.

Bedingt durch ihre regionalen Wurzeln ist die Steirerküche gleichzeitig eine saisonale. Gemüse, Obst, Salate und Kräuter werden nach Jahreszeit auf den Tisch gebracht und nicht aus Übersee eingeflogen. Deshalb wird Rhabarber im April serviert, Spargel im Mai, Erdbeeren und *Erdäpfel* (Kartoffeln) im Juni, Brombeeren, Himbeeren und *Ribisel* (Johannisbeeren) im Juli, Pilze und *Eierschwammerl* (Pfifferlinge) sowie Pfirsiche im Hochsommer, Kürbis von Juli bis weit in den Winter hinein. Das ganze Jahr über gibt es grüne Salate, Bohnen und natürlich Äpfel, ein Markenzeichen der Steiermark. Naturtrübe Apfelsäfte sind denn auch die besten alkoholfreien Durstlöscher. Hauptprotagonist der steirischen Küche ist das Kürbiskernöl: Sein intensiv-nussiger Geschmack fehlt in keinem Salat und begleitet auch Vorspeisen, Suppen und Braten.

Während in der Früh traditionell reichlich gegessen wird, fällt das Mittagessen – zwischen 12 und 14 Uhr – meist bescheiden aus. In den Lokalen gibt es dann einfache Menüs, die aus Suppe, Hauptspeise und Nachspeise bestehen. Alternativ greift man auch gerne zum schnellen Salat – im Alltag fehlt die Zeit zum ausgiebigen Mahl. Anders ist das natürlich am Sonntag. Da duftet es aus sämtlichen Wirtshausküchen im Land nach Backhendl, Schweinsbraten und Tafelspitz.

> SPEZIALITÄTEN

Genießen Sie die typisch steirische Küche!

Almraunggerl – Kleine Teigstücke aus Mehl, Sauerrahm, Butter, Zucker und Zimt, in heißem Schmalz ausgebacken

Backhendl – Knusprig paniertes, zartes Hendl, vorzugsweise serviert mit *Vogerlsalat* (Feldsalat)

Brettljause – Wurst, Schinken, Speck, Käse und verschiedene selbst gemachte Aufstriche, auf einem großen Brett serviert, dazu Bauernbrot und Butter

Fedlkoch – Traditionelle Süßspeise von den Almen, hergestellt aus Butter, Milch, Mehl und Grieß, im Ofen gebacken und nach dem Abkühlen gerieben

Kernöleierspeis – Mit Kernöl abgeschmecktes Rührei, serviert mit deftigem Bauernbrot

Klachelsuppe – Suppe aus *Klacheln* (Schweinsfüße) und Gemüse, mit Essig gesäuert und mit Rahm abgeschmeckt

Steirerkas – Sauermilchkäse aus dem Ennstal, kann kalt mit Brot gegessen oder zum Kochen verwendet werden

Steirischer Salat – Blattsalat mit Bohnen, Paprika, Gurke und Champignons, gepökelter Zunge, Fleischwurst, Tomatenspalten und gekochtem Ei – verfeinert mit reichlich Kürbiskernöl

Sterz – Mit Schmalz in Wasser gekochter grober Maisgrieß, nach dem Kochen auseinandergerissen; als Frühstück oder gehaltvolle Beilage

Warmer Endiviensalat – Endiviensalat, mit noch warmen Erdäpfeln serviert, angerichtet mit kross gebratenen Speckwürfeln und Kürbiskernöl

Wurzelfleisch – Mit Gemüse wie Karotten, Sellerie und Lauch gekochtes Schweinefleisch, serviert mit frisch geriebenem *Kren* (Meerrettich) und Salzkartoffeln (Foto)

Zwischendurch ist gerne etwas Süßes mit Kaffee angesagt. Allerdings huldigen die Steirer dem Koffeingetränk nicht so sehr wie die Wiener. Zur Auswahl stehen kleiner und großer Brauner – ein schwarzer Kaffee, der mit einem kleinen Kännchen Milch serviert wird. Gängig ist auch noch die Melange – Kaffee mit heißem Milchschaum.

Das Abendessen wird ab 18 und selten später als 21 Uhr eingenommen. Hier lässt sich der Steirer Zeit und trinkt dazu Bier oder Wein. Beides wird im Land in hervorragender Qualität produziert, einige der hiesigen Weine liegen im internationalen Spitzenfeld. Leitsorte ist der weiße Welschriesling. Der meistangebaute Rotwein ist der zartherbe Blaue Zweigelt. Ein besonderer Tropfen ist der Schilcher: Der Rosé wird aus der Rebsorte Blauer Wildbacher gewonnen. Den Namen Schilcher dürfen nur Weine tragen, die aus in der Steiermark gewachsenen Wildbachertrauben gekeltert werden.

Bei den Bieren ist Märzen (ein Lagerbier) am beliebtesten, daneben gibt es auch Pilsener, Bock-, Weizen- und Malzbier. Die großen Brauereien im Land heißen Gösser, Puntigam und Reininghaus und Murauer, es gibt zudem viele kleine lokale Privat- oder Wirtshausbrauereien.

Simple Wirtshäuser, gutbürgerliche Gasthöfe, gehobene Restaurants, Trendlokale und Gourmettempel sind in großer Dichte über die ganze Steiermark verstreut. Bei schönem Wetter sitzt man im Gastgarten (ein Biergarten, in dem auch Wein getrunken wird). Ein ganz besonderes Erlebnis ist der Besuch auf einer Alm: Einmal wenigstens sollten Sie dort einkehren und die Spezialitäten der Sennerin probieren: Butter, Käse, Milch, Brot – alles frisch und hausgemacht. Auch köstlich: Krapfen in

Zum Wohl! Natürlich mit dem Schilcher

Schmalz gebacken oder Kasnockn in der Pfanne serviert. Zum Abschluss muss ein Schnaps auf den Tisch, gebrannt aus verschiedenen Obstsorten, z. B. der Vogelbeere. Auf der Alm gibt es auch oft mit Kräutern, Lärchen- oder Zirbenzapfen angesetzten Schnaps. Ebenso einfach und bodenständig ist die Kost in einer der vielen Buschenschänken, die es überall dort gibt, wo Wein gedeiht. Eine Buschenschank ist zumeist ein Familienbetrieb, es werden nur Weine aus der eigenen Produktion ausgeschenkt und nur kalte Kost serviert.

SHOPPEN MIT BODENHAFTUNG

Der Loden ist ein Mitbringsel, das viele Jahre Freude macht. Der steirische Wein ist dann wohl schon längst getrunken

> Die besten Mitbringsel aus der Steiermark halten nicht allzu lange: Sie sind zum Essen und Trinken. Viele bäuerliche Betriebe vermarkten ihre Produkte selbst. Halten Sie bei einer Fahrt durchs Land Ausschau nach dem Schild „Ab-Hof-Verkauf" – vorwiegend im Süden und Osten. In den alpinen und waldreichen Regionen wiederum können Sie ein Andenken kaufen, das nahezu ein Leben lang hält: eine steirische Tracht.

KÜRBISKERNÖL

Das Steirische Kürbiskernöl ist eine regionale Spezialität. Es wird aus den schalenlosen Kernen des steirischen Ölkürbisses gewonnen. Sein Öl ist nahezu schwarz mit grünlichem Stich, dickflüssig und von unverwechselbar nussigem Geschmack. Es eignet sich hervorragend zum Marinieren und Verfeinern, nicht jedoch zum Braten und Frittieren. Produziert wird das Öl nach traditionellen Verfahren und zum Teil noch in aufwendiger Handarbeit – z. B. in Pöllau, wo Insider Tipp Robert Fandler in dritter Generation Kürbiskernöl produziert. In seiner Ölmühle von 1926 stellt Fandler noch 13 weitere Öle her *(Mo–Fr 7.30–18, Sa bis 12 Uhr | Prätis 1 | Pöllau | Tel. 03335/2263 | www.fandler-oil.com)*.

LODEN

Der natürliche Vorfahre von Goretex & Co. schützt seit Urzeiten vor Kälte und Nässe. Der zumeist grüne Stoff aus Schafwolle wird zu Mänteln, Jacken, Capes und Hüten verarbeitet. Er wird heute noch vorwiegend dort hergestellt, wo Schafhaltung Tradition hat, wie beispielsweise in der Region Schladming. Richtiger Loden wird zuerst zu einem Tuch verwoben und anschließend gewalkt, indem er mit Wasser, Seife und Druck so lange malträtiert wird, bis das Gewebe verfilzt. Dadurch wird es dichter, strapazierfähiger und gleichzeitig durch das natürliche Wollfett Lanolin auch imprägniert. Lodenwalkereien arbeiten zum Großteil noch immer mit den alten Handwerkstechniken. Lodenbekleidung erhalten Sie in vielen Trachtenmodegeschäften.

> EINKAUFEN

TRACHT

Jeder Steirer besitzt zumindest eine Garnitur. Das Dirndl besteht aus Leibkittel, Schürze und Hemd, der Trachtenanzug für den Mann aus einem graugrünen Rock (Jacke) und einer Hose aus Loden, Textil oder Leder. Die Lederhose ist ein ganz besonderes Stück. Sie wird aus handgegerbtem Hirsch- oder Gamsleder von Hand genäht und kunstvoll bestickt. Sie gehört, wie eigentlich jede gute Tracht, maßgeschneidert, was nicht gerade billig ist. Günstiger können Sie sich alpenländisch einkleiden, wenn Sie in einem der zahlreichen Trachtenmodengeschäfte von der Stange kaufen oder einfach nur Accessoires erstehen wie Trachtenschmuck oder Tücher. Ein äußerst breites Angebot an schönen Trachten und Accessoires finden Sie beim *Heimatwerk Steiermark (Sporgasse 23 | Graz | www.heimatwerk.steiermark.at)*.

WEIN

In keinem anderen Weinbaugebiet Europas werden so viele Weinsorten kultiviert wie in der Steiermark: Landschaftsformen und Böden wechseln hier auf engem Raum häufig, das fördert die Sortenvielfalt. International einen Namen gemacht haben sich die Topwinzer zuletzt mit ihren leichten, trockenen Weißweinen, allen voran mit Sauvignon Blanc. Der Klassiker unter den steirischen Weinen ist der Welschriesling. Daneben lohnt es sich aber auch nach Rotweinen Ausschau zu halten, wie etwa dem Blauen Zweigelt. Verkosten und kaufen können Sie in Vinotheken. Wenn Sie passionierter Weintrinker sind, lohnt es sich, direkt zum Winzer zu fahren und ab Hof zu kaufen. Eine hiesige Spezialität, die man nirgendwo sonst erhält, ist der säurebetonte Roséwein Schilcher, der ausschließlich auf den Gneis- und Schieferböden der Weststeiermark wächst. Einen Eindruck vom Schilcher bekommen Sie bei einer Weinverkostung bei der Traditionswinzerfamilie Oswald *(www.trapl-schilcher.at)* sowie in der Buschenschank der Familie Klug *(www.klug-voltl.at | beide in St. Stefan ob Stainz)*.

Insider Tipp

> DER CHARME DER PROVINZ

Wer ein paar Stunden in Graz verbringt, muss damit rechnen, sich Hals über Kopf in diese Stadt zu verlieben

> Zu Füßen des herrlich grünen Schlossbergs erstreckt sich am Ufer der Mur die Grazer Altstadt mit ihren ziegelroten Dächern. Schmale Gassen, schiefwinkelige Plätze, prachtvolle Paläste und lauschige Innenhöfe sind die Bühne für die sommerliche Open-Air-Kultur, die hier zwischen März und November ganz selbstverständlich zelebriert wird.

Das Klima ist mild und die Grazer ziehen lieber eine Jacke über, als drinnen zu sitzen. Geflochtene Korbstühle unter blühendem Oleander, offene Ladentische zum Stöbern in allerlei Krimskrams, Fahrräder an jeder Ecke sind ein gewohnter Anblick.

Das Stadtbild geprägt haben italienische Baumeister, die ursprünglich geholt wurden, um die Verteidigungsanlagen gegen die Türken zu verstärken – und die in weiterer Folge mit privaten Aufträgen überhäuft wurden. So entstanden die mediterran

Bild: Grazer Altstadt

GRAZ

anmutenden Innenhöfe, in denen sich die Grazer heute unter Renaissancearkaden auf ein Glaserl Wein oder einen Latte macchiato treffen, zum klassischen Konzert oder zur Jazzsession. An schönen Wochenenden sind solche Abende oft der Abschluss eines Ausflugs, der die Grazer vorzugsweise auf den Hausberg Schöckl oder zum Thalersee führt. Denn die Natur liegt ihnen näher als so manch anderem Städter.

GRAZ

KARTE IN DER HINTEREN UMSCHLAGKLAPPE

[114 C6] **Die Landeshauptstadt der Steiermark ist mit 250 000 Einwohnern die zweitgrößte Stadt Österreichs.** Trotzdem hat sie sich bis heute Verkehrsinfarkte, astronomische Preise und Touristenmassen vom Leib gehalten. Letzteres liegt aber keineswegs daran, dass es hier nichts zu sehen gäbe.

Immerhin bietet die Grazer Innenstadt den „größten mittelalterlichen Stadtkern im deutschsprachigen Raum“, lobte die Unesco, als sie die Altstadt

Späthistoristisch und daher reich verziert: das Rathaus am Hauptplatz

1999 zum Weltkulturerbe erklärte. Praktischerweise liegen die interessantesten Plätze im Stadtkern in bequemer Gehdistanz zueinander. Das schafft Energiereserven fürs Nachtleben, das bis weit nach Mitternacht dauern kann.

SEHENSWERTES

BURG [U D–E3]

Große Teile der ehemaligen Habsburgerresidenz, die unter Friedrich III. 1438 angelegt und in weiterer Folge immer wieder erweitert und umgebaut wurde, stehen heute nicht mehr. Nur Fragmente sind noch übrig, darunter auch die Doppelwendeltreppe, ein Meisterwerk spätgotischer Steinmetzkunst (1499): zwei gegenläufige Wendeltreppen, die in jedem Stockwerk für ein paar Stufen verschmelzen. *Eingang Hofgasse 15, Stiege III (linker Hand)*

DOM UND MAUSOLEUM ★ [U D–E3]

Eine Freitreppe führt zum erhöht gelegenen Ensemble aus Dom und Mausoleum. Der Dom wurde 1438–62 unter Kaiser Friedrich III. anstelle einer romanischen Kirche gebaut, quasi als Hofkirche zu seiner gegenüberliegenden Residenz. An der Außenseite ist das Landplagenbild zu sehen, ein Votivbild der Grazer Bürger zur Beendigung der drei Gottesplagen von 1480 – Türkenkrieg, Heuschreckeneinfall, Pest.

Das etwas verblichene Fresko zeigt zugleich die älteste bis heute erhaltene Ansicht von Graz. Im Inneren der Domkirche ist der heilige Christophorus als Helfer gegen den unvorbereiteten Tod monumental dargestellt. Er trägt die Gesichtszüge Friedrichs III. und den Herzogshut der Steiermark. Ansonsten kontrastiert die opulente barocke Innenausstattung stark mit den klaren spätgotischen Baustrukturen der Kirche. Der 1730–33 errichtete barocke Hochaltar aus buntem Marmor ist ein steirisches Hauptwerk aus dieser Epoche.

Das benachbarte Mausoleum wurde ab 1694 für Kaiser Ferdinand II. errichtet. Den letzten Schliff der Innenausstattung nahm später der kaiserliche Hofmaler Johann Bernhard Fischer von Erlach vor – das Mausoleum ist das kunstgeschichtlich bedeutendste Grabmal eines Habsburgers. *Dom: Mo 12–19.30, Di–Fr 6.30–19.30, Sa 6.30–18, So 8–18 Uhr; Mausoleum: tgl. 10.30–12.30 und 13.30–16 Uhr | Eintritt 4 Euro | Burggasse 3*

HAUPTPLATZ ★ [U D3–4]

Mittelpunkt der Stadt ist der Hauptplatz, der um 1100 trapezförmig als Marktplatz angelegt wurde. Die Laubengänge an den beiden Luegg-Häusern an der Ecke zur Sporgasse erinnern noch ans Mittelalter, als die Händler unter hölzernen Lauben ihre Ware anboten. Vier Bauwerke fallen besonders auf: ebenjene Luegg-Häuser (der Name kommt wohl von „lugen", „um die Ecke schauen"), von denen das Eckhaus mit einer prächtigen Stuckfassade aus dem späten 17. Jh. besticht, das Rathaus mit seinen vielen Türmchen, das Ende des 19. Jhs. für die rasch wachsende Stadt gebaut wurde, sowie das Brunnendenkmal. Es wurde zu Ehren Erzherzog Johanns aufgestellt. Die vier Frauengestalten symbolisieren die Flüsse Mur, Enns, Drau und Sann.

INNENHÖFE [U D–E 3–4] Insider Tipp

Viele Altstadthäuser von Graz haben eine besonders schöne und opulente Fassade, ob in Stein gehauen, aus Stuck gearbeitet oder gemalt. Trotzdem sollten Sie auch hinter die Fassaden blicken. Denn die schnuckeligen Innenhöfe laden ein, sich niederzulassen und die Leichtigkeit des Seins zu genießen. Werfen Sie also einen Blick hinein: *Herrengasse 3 (Herzoghof, Café Zeitlos) | Herrengasse 9 (Generalihof, Vinothek Klapotetz) | Sporgasse 22 (Haus des Deutschen Ritterordens, kein Lokal)*

MARCO POLO HIGHLIGHTS

★ Dom und Mausoleum
Zwei kunstgeschichtliche Schwergewichte als Nachbarn (Seite 32)

★ Hauptplatz
Die ganze Grazer Pracht auf einen Blick (Seite 33)

★ Kunsthaus
Zeitgenössische Kunst im avantgardistischen Architekturhaus (Seite 34)

★ Landhaushof
Der schönste Renaissancehof diesseits der Alpen (Seite 35)

★ Schlossberg
Gewaltige Festung mit einer bezaubernden Aussicht auf Graz (Seite 35)

★ Schloss Eggenberg
Die bedeutendste barocke Schlossanlage der Steiermark (Seite 36)

★ Palais-Hotel Erzherzog Johann
In diesem feudalen Haus werden Sie gut schlafen (Seite 39)

★ Stübinger Freilichtmuseum
Bäuerliche Kulturgeschichte aus ganz Österreich (Seite 43)

| Sporgasse 11 (Las Tapas) | Sackstr. 10 (Altsteirische Schmankerlstube) | Sackstr. 12 (Krebsenkeller) | Sackstr. 14 (La Enoteca) | Sackstr. 9–11 (Paradeishof, Flann O'Brien und Paradiso) | Raubergasse 10 (Joanneumhof)

zentrum zeitgenössischer Kunst und Kultur von den 1960ern bis in die Gegenwart. Neben wechselnden Ausstellungen gibt es auch Künstlergespräche, Workshops oder spezielle Führungen. *Di–So 10–18 Uhr | Eintritt 7 Euro | Lendkai 1 | www.kunsthausgraz.at*

Anders als andere Häuser: Die Grazer nennen ihr Kunsthaus deshalb scherzhaft „Blase"

KUNSTHAUS ★ **[U C4]**

Das moderne architektonische Wahrzeichen der Stadt wurde 2003 eröffnet, als Graz Europäische Kulturhauptstadt war. Das Kunsthaus liegt am Murufer gegenüber der Altstadt. Seine Außenhaut aus 1066 Acrylglasfenstern hebt sich bewusst von den Giebelhäusern mit ihren roten Ziegeldächern ab und fügt sich doch harmonisch ins Stadtbild. Das Haus versteht sich als Ausstellungs- und Aktionszentrum zeitgenössischer Kunst und Kultur von den 1960ern bis in die Gegenwart.

LANDESZEUGHAUS **[U D4]**

1643–44 als ständiges Waffendepot im Zuge der Türkeneinfälle errichtet – noch heute lagern im Landeszeughaus auf vier Ebenen rund 32 000 Waffen und Kriegsgeräte. Das Grazer Zeughaus ist damit die älteste Waffenkammer der Welt. Der größte Teil der Exponate umfasst Rüstungsstücke für den einfachen Fuß- und Reitersoldaten des 16. und 17. Jhs. *Nov. bis*

März Di–So 10–15, April–Okt. Di–So 10–18, Do bis 20 Uhr | Eintritt 7 Euro | Herrengasse 16 | www.museum-joanneum.at

LANDHAUSHOF ★ [U D4]

Das Landhaus (1557) ist einer der bedeutendsten und schönsten Renaissancebauten außerhalb Italiens. Es wurde vom italienischen Baumeister Domenico dell'Allio für den steirischen Landadel gebaut. Heute tagt hier das steirische Landesparlament. Besonders beeindruckend ist der Innenhof mit seinen dreistöckigen Arkadengängen, den Rundbogenfenstern, den kupfernen Dachspeiern aus dem 16. Jh. sowie der Brunnenlaube aus Bronzeguss, ein Meisterwerk des Manierismus. Der Hof wurde vor einigen Jahren vorbildlich renoviert und ist öffentlich zugänglich. *Eingang Herrengasse 16*

MURINSEL [U C3]

Auf der Höhe des Kunsthauses ist eine künstliche Insel in der Mur vertäut. Die Stahlkonstruktion, vom New Yorker Künstler Vito Acconci in Form einer halboffenen Muschel gestaltet, ist die zweite moderne Sehenswürdigkeit der Stadt, die 2003 gebaut wurde. Die Murinsel ist begehbar und verbindet über Stege die beiden Murufer. Im Sommer finden hier kleinere Veranstaltungen statt. Im Inselcafé können Sie das ganze Jahr über eine Pause einlegen.

SCHLOSSBERG ★ [U D2]

Vor rund 1000 Jahren wurde hier zur Verteidigung des damaligen Marktfleckens eine kleine Burg gebaut, die im Mittelalter zu einer gewaltigen Festung erweitert wurde. Sie galt als uneinnehmbar – trotzdem geben heute nur mehr die wuchtigen Mauern der alten Bastei einen Eindruck von der einstigen Größe. Übrig geblieben vom alten Schlossbergensemble sind in erster Linie zwei Türme: der etwas versteckte Glockenturm sowie der *Grazer Uhrturm,* das weithin sichtbare Wahrzeichen der Stadt. Von hier haben Sie einen umwerfenden Blick aufs historische Zentrum, auf die Mur und das „Blase“ genannte moderne Kunsthaus. Im lauschigen Garten am Uhrturm ist es sehr romantisch. Besonders gemütlich genießen können Sie die Aussicht von der Terrasse im *Aiola Upstairs* direkt am Uhrturm

Insider Tipp

>LOW BUDGET

- Günstig und dennoch zentral übernachten Sie im *Etap Hotel Graz City* am Lendplatz. Doppelzimmer kosten ca. 40 Euro. *Tel. 0316/76 44 00 | www.accorhotels.com*
- Nur einmal Eintritt zahlen: Die Joanneum-Tageskarte kostet 7 Euro und berechtigt zum Eintritt in 21 Ausstellungsorte des Universalmuseums Joanneum, darunter das Kunsthaus, das Landeszeughaus und das Römermuseum Flavia Solva. Informationen: *www.museum-joanneum.at*
- Für den kleinen Hunger gehen Sie ins Franziskanerviertel. Entlang der Klostermauer gibt es ein paar günstige Würstelstände, die eine jahrhundertelange Tradition haben.
- Für 5 Euro können Sie in der *Miles Jazzbar* jeden Mi und Do Livejazz erleben. *Tel. 0699/10 51 00 47 | www.milesjazz.at*

(tgl. | Schlossberg 2 | Tel. 0316/ 81 87 97 | www.aiola.at).

Auf den Schlossberg gelangen Sie zu Fuß oder mit dem Lift mitten durch den Berg *(Zugang Schlossbergplatz, die Liftfahrt kostet 50 Cent)* oder mit der historischen Schlossbergbahn *(viertelstdl. So–Mi 10–24, Do–Sa 10–2 Uhr | Ticket 1,80 Euro). Eintritt Schlossberg: 7 Euro | Zugang Kaiser-Franz-Josef-Kai 38*

SCHLOSS EGGENBERG ★ [U D2]

Das bedeutendste Barockschloss der Steiermark (1625) wurde im Auftrag des politischen Beraters Kaiser Ferdinands II., Hans Ulrich von Eggenberg, errichtet. Damals war der gregorianische Kalender noch relativ neu, und das Schloss spielt mit seinen Zahlen: 365 Fenster, 31 Räume pro Stockwerk, 24 Prunkräume mit 52 Türen. Beeindruckend ist der Planetensaal mit seinem Gemäldezyklus zum Thema Planeten, Tierkreise, Sternbilder und Elemente. Zeit sollten Sie sich auch nehmen für den großzügigen Landschaftsgarten mit seinem Planetengarten und den Pfauen. Die Prunkräume sind nur im Rahmen einer Führung zu besichtigen. *Führungen Palmsamstag bis 31. Okt. Di–So stdl. 10–16 Uhr, Schlosspark und Gärten April–Okt. tgl. 8–19, Nov.–März tgl. 8–17 Uhr | Eintritt 7 Euro | Eggenberger Allee 90 | www.museum-joanneum.at | Straßenbahnlinie 1 ab Hauptplatz*

ESSEN & TRINKEN

AIOLA CITY ▶▶ [U D3–4]

Auf der einen Seite groovige Lounge, auf der anderen Seite trendiges Restaurant. Die Einrichtung ist im Retrolook gehalten, das alte Gewölbe gibt dem Ganzen besonderen Flair. Die Drinks, die Weine, der Kaffee schmecken vorzüglich, und vor allem die Küche punktet mit Kreativität und Raffinesse. Im Sommer Gastgarten direkt am Platz. *Tgl. | Mehlplatz 1 | Tel. 0316/89 03 35 | www.aiola.at* | €€

FINK ▶▶ [U D3]

Das Kaffeehaus bietet am Vormittag ein üppiges Frühstück und darüber hinaus den besten Kaffee der Stadt. Italienisch angehauchte Imbissbar zu Mittag, schickes In-Lokal am Abend. Küche nur mittags, außer am Donnerstag, da gibt es zu Livemusik Steaks und Garnelen. *So geschl. | Freiheitsplatz 2 | Tel. 0316/83 35 12 | www.cafefink.at* | €

IOHAN [U D4]

Das Interieur im alten Gewölbe ist minimalistisch. Für den, der das mag, einfach perfekt. Für alle anderen: Im Sommer spielt sich das Leben draußen im entzückenden kleinen Landhaushof ab. Die Küche entspricht dem Niveau, das man sich von einem preisgekrönten Lokal erwartet. *So, Mo geschl. | Landhausgasse 1 | Tel. 0316/82 13 12 | www.iohan.at* | €€€

MAYERS [U C3]

Vielfach preisgekröntes Restaurant, das sich der Fusionküche verschrieben hat. Auf der Speisekarte stehen etwa marinierter Alpenlachs auf Glasnudelsalat mit Sesam-Koriander-Vinaigrette oder Rinderfilet mit Zitronenkartoffeln und Currymayonnaise. Wunderbare Terrasse. *Sa, So geschl. | Sackstr. 29 | Tel. 0316/81 33 91 | www.mayers.cc* | €€€

MOHRENWIRT [U C3]
Klassisches Wirtshaus mit einfacher, fleischlastiger Küche. Ebenso einfach die Einrichtung, die sich seit gut 40 Jahren nicht verändert hat. Dafür können Sie nirgendwo authentischer essen – z. B. steirische Flecksuppe (aus Kutteln). *Do, Fr geschl. | Mariahilferstr. 16 | Tel. 0316/71 20 08* | €

STAINZERBAUER [U D3]
Gutbürgerliches Gasthaus mit heimeliger Einrichtung im steirischen Landhausstil. Ehrliche, gehobene Küche, die vorwiegend auf Zutaten aus der Region setzt. Besonders zu empfehlen ist das Steak vom Almochsen aus dem Almenland. Dieselbe Familie führt auch noch das Lokal *Kirchenwirt* (direkt hinter der Basilika Mariatrost am Stadtrand), wo Sie im herrlichen Kastaniengarten ebenso vorzüglich speisen können. *Tgl. | Bürgergasse 2 | Tel. 0316/82 11 06 | www.stainzerbauer.at* | €€

Barock bis in die Details, so präsentiert sich Schloss Eggenberg dem Besucher

TRIBEKA [U C4] Insider Tipp
Die steirische Antwort auf Starbucks: „Tri(nk) Be(sseren) Ka(ffee)". Filiale Nummer eins (es gibt zwei weitere in Graz) liegt prominent gegenüber vom Kunsthaus. Die Bohnen sind frisch geröstet, dazu gibt's Süßes, Snacks, Zeitungen und coole Musik. *Tgl. | Grieskai 2 | Tel. 0316/72 34 69 | www.tribeka.at* | €

EINKAUFEN

Haupteinkaufsstraße ist die Herrengasse mit dem anschließenden Hauptplatz. In der Sackgasse ist die Kunstmeile mit zahlreichen Antiquitätengeschäften und Stöberläden ansässig, in der Sporgasse viele kleine Boutiquen. Eine ausführliche Übersicht über die Geschäfte in der City finden Sie auf *www.graz-hauptplatz.at.*

BAUERNMÄRKTE

Am Kaiser-Josef-Platz beim Opernhaus [U E4] sowie am Lendplatz [U B–C3] können Sie sich mit steirischen Produkten direkt vom Bauern eindecken. Das vielfältige Angebot reicht vom Wein über Kernöl bis zum Speck und Selchwürsten. Zum Sehen und Gesehen werden trifft man sich am ▶▶ Samstagvormittag auf ein Glaserl Wein in der *Schnabelweide* (Kaiser-Josef-Platz) oder im *Macello* (Lendplatz). *Mo–Sa 6–13 Uhr*

Insider Tipp

50er-Jahre-Look mit viel Witz: Lena Hoschecks Mode ist schwer en vogue

BOUTIQUE & WERKSTÄTTE STAJAN [U D3]

Die Familie Stajan hat es mit ihrer Trachtenmode zu internationalem Renommee gebracht. Tracht wird hier nicht einfach geschneidert: Sie wird couturiert. Das hat natürlich seinen Preis. *Sackstr. 22/1 (über der Alten Münze)* | *www.stajan.at*

KASTNER & ÖHLER [U D3]

Die Kaufhauskette mit Hauptsitz in Graz ist ein Stück steirischer Wirtschaftsgeschichte. Schon seit 1883 gibt es das Haus in der Sackgasse, das heute Unternehmensstammsitz ist. Bis Ende 2010 wird das Warenhaus zu einem modernen, lichtdurchfluteten Einkaufstempel umgebaut, mit großer Trachten- und riesiger Sportabteilung. Im Norden der Stadt *(Wiener Str. 333)* gibt es ein Outlet.

KUNST GALERIE HOLASEK [U D3]

Moderne und antike Kunst, kleine Geschenke und Anschaffungen fürs Leben. *Sackstr. 19* | *www.kunstgalerie-holasek.at*

KWIRL [U C3]

Geschenke und Souvenirs von regionalen Jungdesignern – auch für den kleinen Geldbeutel. *Mariahilfer Str. 11* | *www.kwirl.at*

LENA HOSCHEK [U D3]

Die Grazer Designerin macht feminine Mode im 50er-Jahre-Look und kombiniert Petticoats mit einem Hauch Burlesque. *Sporgasse 22* | *www.lenahoschek.com*

NEW ONE [U D3]

Topmodischer Schmuck, bezahlbar und trotzdem qualitativ hochwertig: Im Shop von Nina und Nicki aus der traditionsreichen hiesigen Juweliersfamilie Schullin werden Sie fündig. *Sporgasse 22/1* | *www.newone.at*

ÜBERNACHTEN

HOTEL DANIEL [U A3]

Statt Kleiderschrank gibt es eine bare Stange mit Stofffächern: Wer solch schlichte Ästhetik schätzt, wird dieses Designhotel lieben. Tolles Angebot: Vespa zum Ausleihen ab 15 Euro, etwas teurer auch mit Picknickkorb. *107 Zi.* | *Europaplatz 1* | *Tel. 0316/71 10 80* | *www.hoteldaniel.at* | €

HOTEL FEICHTINGER [U C3]

Das einfache Haus kommt ohne Schnickschnack aus. Die Zimmer sind groß, die Betten ebenfalls und alles ist blitzsauber. Pluspunkte sind die zentrale Lage und das günstige Preis-Leistungs-Verhältnis. *33 Zi.* | *Lendplatz 1a* | *Tel. 0316/72 41 00* | *www.hotel-feichtinger.at* | €

Was in der Region erzeugt und angebaut wird – auf den Grazer Bauernmärkten finden Sie es

PALAIS-HOTEL ERZHERZOG JOHANN ★ [U D3]

Das opulente Stadtpalais ist seit 1852 ein Hotel. Man gibt sich entsprechend gediegen. Antiquitäten, edle Teppiche und Parkettböden lassen ein fürstliches Wohngefühl aufkommen. Angenehme Atmosphäre, charmanter

Service, großzügige Zimmer. *59 Zi.* | *Sackstr. 3–5* | *Tel. 0316/81 16 16* | *www.erzherzog-johann.com* | €€€

SCHLOSSBERGHOTEL **[U C–D3]**

Feines Haus am Fuß des Schlossbergs direkt am Murufer. Stilmöbel und Antiquitäten überwiegen, dennoch setzen moderne Bilder und Skulpturen überraschende Akzente. Kleiner Pool mit Blick auf die Ziegeldächer der Altstadt. *54 Zi.* | *Kaiser-Franz-Josef-Kai 3–5* | *Tel. 0316/807 00* | *www.schlossberg-hotel.at* | €€€

DAS WEITZER **[U C4]**

Der Platzhirsch unter den Grazer Hotels – wer in einem lässigen und coolen Hotel zu einem vernünftigen Preis wohnen möchte, ist hier richtig. Im gleichen Gebäude finden Sie auch die Vinofaktur *Der Steirer,* wo Sie zu guten heimischen Weinen auch schmackhafte steirische Tapas serviert bekommen. *202 Zi.* | *Grieskai 12–16* | *Tel. 0316/70 30* | *www.weitzer.com* | €€

AM ABEND

Das trendige Nachtleben konzentriert sich in der Innenstadt im sogenannten ▶▶ Bermudadreieck rund um Färber-, Mehl- und Glockenspielerplatz. Bodenständige Weinstuben finden Sie im Franziskanerviertel. Wer es klassisch mag, wird in Graz mit Oper und Schauspielhaus hervorragend bedient *(Infos über Spielpläne und Kartenvorverkauf bei Bühnen Graz* | *Tel. 0316/80 00* | *www.theater-graz.com).*

BOLLWERK GRAZ WEST **[0]**

Mit einer modernen Soundanlage versetzt die größte Disko der Steiermark das Partyvolk in Stimmung. Es gibt zwei Clubs, das rustikal eingerichtete Tanzstadl und eine Chill-out-Zone. *Mi, Fr, Sa und vor Feiertagen ab 21 Uhr* | *Weblinger Gürtel 5* | *Tel. 23 72 17 96* | *www.bollwerk.at*

Cocktails trinken im ältesten Pub von Graz: Dizzy's Pub Bar Lounge

DIZZY'S PUB BAR LOUNGE ▶▶ [U D3]
Vor fast 30 Jahren einer der ersten In-Treffs der City und auch heute noch beliebte Anlaufstelle. Berühmt für seine Cocktails. *Tgl. 15–2 Uhr | Färbergasse 9*

HEMINGWAY BAR [U E4–5]
Ganz im Geist des Namensgebers finden Sie hier eine große Auswahl an Whiskeys, Cognacs, Rums und Zigarren. Die Bar ist nostalgisch und gemütlich mit großen Ledersofas eingerichtet. Klaviermusik oder Live-auftritte von Sängern und Bands, Melodien aus vergangenen Jahrzehnten stehen im Vordergrund. Nähe Jakominiplatz. *Di–Sa 18–2 Uhr | Klosterwiesgasse 6 | www.hemingway-bar.at*

PARKHOUSE ▶▶ [U E3]
Zwischen alten Bäumen und Ententeich erstreckt sich das Open-Air-Areal des Parkhouse. An schönen Tagen tagsüber Café, am Abend Lounge, in der Nacht Partyzone. DJs und Bands treten oft vor Tausenden von Gästen auf und feiern bis in die Morgenstunden. *Tgl. ab 11 Uhr | Stadtpark 2 | www.parkhouse.at*

THEATERCAFÉ GRAZ [U E–F4]
Nach Opern- oder Theaterbesuch gehen die Grazer traditionell ins Theatercafé. Wunderbar morbider Varietécharme. Berühmt ist das Theatercafé für seine vielen Varianten der *Eierspeis* (Rührei). Von Ende September bis Ende Mai wird die hauseigene Kabarettbühne bespielt. Nähe Oper. *Di–Sa 19–4 Uhr (Juni–Sept. ab 22 Uhr) | Mandellstr. 11 | Tel. 0316/82 53 65 | www.hinwider.com*

WEIN & CO BAR ▶▶ [U D4–5]
Der Name der Bar steht seit 1993 in Österreich für Spitzenweine aus dem In- und Ausland zu vernünftigen Preisen. Hier können Sie sich glasweise durch eine riesige Auswahl an Weinen kosten und dazu einen Happen oder gar ein ganzes Menü essen. Den Rahmen dazu bietet das vom lokalen Architekten Hermann Eisenköck umgestaltete Jugendstilhaus. *So geschl. | Joanneumring 13 | Tel. 0316/82 66 76 | www.weinco.at*

AUSKUNFT

GRAZ TOURISMUS INFORMATION [U D4]
Hier können Sie auch geführte Touren buchen wie den „Klassischen Altstadtrundgang" oder „Hof halten – die Innenhöfe der Grazer Altstadt" sowie kulinarische Rundgänge, Cabriobusfahrten oder Vollmondtouren. Audioguide für die Stadtführung. *Herrengasse 16 | Graz | Tel. 0316/807 50 | www.graztourismus.at*

ZIELE IN DER UMGEBUNG

LURGROTTE [114 C5]
Bei Semriach liegt die größte wasserdurchströmte Tropfsteinhöhle Österreichs *(Mitte April–Okt. tgl. 10–16 Uhr, Hauptführungen 11, 14 und 15.30 Uhr, Nov.–Mitte April Sa/So 11 und 14 Uhr | Zugang in Semriach | Tel. 03127/83 19 | www.lurgrotte.at)*. Das stetig eindringende Oberflächenwasser des gurgelnden Lurbachs lagert sich in Form von stetig wachsenden Stalaktiten und Stalagmiten ab. Immer wieder öffnen sich die schmalen Gänge im fünf Kilometer langen Höhlensystem zu gewaltigen Felsdomen, bizzaren Sintern und Schluchten. *25 km entfernt*

SCHÖCKL [114 C5]

Der Schöckl ist der Hausberg der Grazer: Auf 1500 m Seehöhe haben Sie einen umwerfenden Panoramablick. Die Städter fahren an schönen Wochenenden von St. Radegund mit der Sechser-Gondelbahn hoch und gehen dann auf dem Schöckl wandern *(Gondel: Mo–Fr 9–17, Sa/So 9–18 Uhr | Bergfahrt 7,20 Euro, Berg- und Talfahrt 11 Euro)*. Der Plateau-Rundwanderweg, auf dem auf rund 3,5 km gerade einmal 100 Höhenmeter zu überwinden sind, ist gemütlich und bietet beste Aussichten in alle Richtungen. Viele blühende Alpenpflanzen wie Seidelbast oder Türkenbundlilie säumen den Weg.

Zum Abschluss lohnt sich ein Besuch im *Stubenberghaus*, einer charmanten, mit Holzschindeln verkleideten Berghütte auf 1445 m Höhe, in der Sie auch übernachten können *(www.stubenberghaus.at | €)*. Für den Weg nach unten können Sie neben der Gondelbahn auch noch die Sommerrodelbahn namens Hexenexpress in Erwägung ziehen *(Rodelbahn: Mo–Fr 9.30–16.30, Sa/So 9.30–17.30 Uhr | Fahrt 2,60 Euro). 21 km entfernt*

STIFT REIN [114 C5]

Ältestes Zisterzienserkloster der Welt, gegründet 1129. Heute präsentiert sich das Stift Rein als typisch österreichisches Barockkloster. Besonders sehenswert ist, neben der Stiftskirche, die Bibliothek mit mittelalterlichen Handschriften. Sensationell ist der jüngste Fund im Kloster: das Grab des Stifters und ersten steirischen Landesherrn Leopold I., der im Gründungsjahr verstorben war. *Tgl. 10.30 und 13.30 Uhr Führungen zu wechselnden Themen | Eintritt 7 Euro | Rein 1 | Rein | Tel. 03124/516 21 | www.stift-rein.at | 18 km entfernt*

> ERZHERZOG JOHANN

Die große steirische Identifikationsfigur

Keinem Namen begegnet man in der Steiermark häufiger: Erzherzog Johann von Österreich ist als Förderer und Modernisierer der Region in die Geschichte eingegangen. Als der Adelige 1811 seine umfangreiche naturwissenschaftliche Sammlung dem Land schenkte, war das die Geburtsstunde des Landesmuseums Joanneum. 1862 wurde auf seine Initiative die Berg- und Hüttenschule in Vordernberg eröffnet – heute die Leobener Universität. Legendär ist auch seine Volksverbundenheit. Er war meist in Tracht unterwegs, förderte Handwerk, Gewerbe und Industrie als Basis für den allgemeinen Wohlstand. Seine soziale Gesinnung und Verbundenheit mit der Bevölkerung zeigte er, als er während der Hungersnot 1816/17 unters Volk ging und dort Kartoffeln verteilte. Als er 1829 die Ausseer Postmeistertochter Anna Plochl heiratete, verzichtete er auf seinen Platz in der Thronfolge. 1840 kaufte er die Herrschaft Stainz, wo er zehn Jahre später zum ersten frei gewählten Bürgermeister ausgerufen wurde. Johann starb 1859 in seinem Palais in Graz. Der große Brunnen auf dem Grazer Hauptplatz erinnnert an den Erzherzog.

STÜBINGER FREILICHTMUSEUM ★ [114 B5]

Das Museum am Ufer der Mur ist eine der am häufigsten besuchten Attraktionen der Steiermark. Auf einem riesigen Areal sind hier inmitten von Wäldern, Wiesen und Feldern 100 originale historische Bauernhöfe, Gehöfte, Ställe, Speicher, Mühlen und spezielle Bauten wie etwa Dörr- und Köhlerhütten wiederaufgebaut. Die Gebäude wurden aus ganz Österreich hierher gebracht und vermitteln einen hervorragenden Einblick in das bäuerlich-handwerkliche Leben der Vergangenheit. Im Frühling wird rund um das Museum Korn gesät, im Herbst nach alter Tradition das Erntedankfest gefeiert und in den stillsten Wochen des Jahres Christbaumschmuck gebastelt. Bei zahlreichen Vorführungen können Sie tief ins Landleben eintauchen und längst vergessene Fertigkeiten wie das Salbensieden wiederentdecken. *April–Okt. Di–So 9–17 Uhr, Mai–Mitte Sept. auch Mo geöffnet | Tel. 03124/537 00 | www.freilichtmuseum.at | 18 km entfernt*

THAL [114 B–C6]

Die kleine Gemeinde (2300 Ew.) ist bekannt für ihren künstlich angelegten See. Der Thalersee ist beliebt bei Spaziergängern, Anglern, Sonnenanbetern und sogar Arnold Schwarzenegger: Der berühmteste Sohn von Thal hat seiner Frau Maria Shriver einst bei einer Fahrt über den See einen Heiratsantrag gemacht.

Abseits dieser Anekdote hat die Gemeinde noch eine weitere Attraktion vorzuweisen – und zwar die bemerkenswerte *Pfarrkirche St. Jakob (So–Fr 8–19, Sa 9.30–19 Uhr).* Als diese nämlich in den 1980er-Jahren zu klein geworden war, konnte für ihre Erweiterung Professor

Ein im Wortsinn phantastisches Gotteshaus: Pfarrkirche St. Jakob am Thalersee

Ernst Fuchs, der bedeutendste Repräsentant der „Wiener Schule des phantastischen Realismus“ gewonnen werden. Noch nie gehört? Schauen Sie sich die farben- und formenfrohe Kirche einmal an – ein außergewöhnlicher Anblick! *10 km entfernt*

> WO WEIN UND KERNÖL FLIESSEN

Von der Sonne verwöhnt: Die sanft hügelige Landschaft an der Grenze zu Slowenien wird auch Steirische Toskana genannt

> Weingärten, so weit das Auge reicht. Die sorgsam gepflanzten Rebstöcke zeichnen symmetrische Muster auf die Hügel, die in der Ferne zu einem grünen Teppich verschmelzen.

Schlanke Pappeln und fruchtschwere Obstbäume setzen Akzente, Wälder und kleine Felder brechen den Rhythmus der Landschaft, die sich ganz dem Wein verschrieben hat. Bauernhöfe erheben sich inmitten der Weingärten, die Terrassen ihrer Häuser sind gen Süden ausgerichtet. Von dort, wo Österreich völlig unmerklich nach Slowenien übergeht, kommt auch die warme Luft, die die Trauben im äußersten Süden der Steiermark zu nahezu mediterraner Reife bringt.

Am besten, Sie lassen bei einem Besuch noch genügend Platz im Kofferaum, denn viele Weinbauern verkaufen ihre Erzeugnisse direkt ab Hof. Und so günstig kommen Sie nur selten an die Weine internationaler

Bild: Südsteirische Weinstraße

WEINLAND

Spitzenwinzer. Um deren Vielfalt kennenzulernen, machen Sie es sich am besten in einer der zahlreichen Buschenschänken auf der südseitigen Veranda mit Panoramablick gemütlich und verkosten die verschiedenen Weine glasweise.

Etwas weiter nördlich dünnen sich die Weingärten rasch aus und machen Platz für dichtere Wälder und saftige Wiesen. Hier haben die Lipizzaner im Gestüt Piber ihre Heimat.

KÖFLACH

[116 A3] **Von der Leichtigkeit des Weinlands ist in Köflach nichts mehr zu spüren. Die ehemalige Bergwerksstadt ist umringt von dichten Wäldern und weiten Wiesen. Die hohen Berge, die sich im Norden abzeichnen, haben unverkennbar Gebirgscharakter.** Die Stadt (10000 Ew.) bildet mit Voitsberg und Bärnbach ein Drei-Städte-Eck, in dem die Glasmacher- und Bergbauvergangenheit der Region spürbar ist. Die meisten Besucher kommen aber hierher, um die Lipizzaner zu sehen, die im nahe gelegenen Bundesgestüt Piber gezüchtet werden.

braunen Pferde gezüchtet und aufgezogen, bis sie – erwachsen und damit weiß geworden – in der Spanischen Hofreitschule in Wien die Besucher begeistern. Im Sommer kommen auch

In Köflach machen die weltberühmten Lipizzanerhengste Sommerurlaub

SEHENSWERTES

KUNSTHAUS

Um 1900 gebaut und 2002 zu einem modernen Ausstellungshaus für bildende Kunst umgestaltet. *Di–So 10–17 Uhr | Eintritt 4 Euro | Bahnhofstr. 6 | www.kunsthaus-k.at*

LIPIZZANERWELT PIBER ★

Seit 1920 ist das Bundesgestüt Piber (3 km von Köflach entfernt) die Heimat der Lipizzaner. Hier werden die anfangs noch grauen, schwarzen oder diese Hengste wieder zurück zum Gestüt und erholen sich auf den Sommerweiden. Besichtigt werden können die Geschirrkammer, der Hengst- und Laufstall, die Schmiede, die Wagenremise und die Reithalle, außerdem das eindrucksvolle Barockschloss, in dem das Gestüt residiert. Angeschlossen ist ein Museum zur Geschichter der Lipizzaner. *Führungen April–Okt. Di–So 9.30–17, Nov.–März tgl. 11 und 15 Uhr | Eintritt 12 Euro | www.piber.com*

MARIA LANKOWITZ

Im Inneren der Wallfahrtskirche (2 km von Köflach) befindet sich eine gotische Schnitzfigur der thronenden Maria mit dem Kind, Ziel von Bittprozessionen und Wallfahrten: Laut einer Legende war das von Türken verschleppte Gnadenbildnis im 15. Jh. hier unter einem Kreuz aufgestellt worden. Als sich mehrere Wundertaten ereigneten, baute man eine hölzerne Kapelle, später dann eine Kirche, die 1678–1681 ihr heutiges Erscheinungsbild bekam. *Tgl. 7–20 Uhr*

ESSEN & TRINKEN

BUSCHENSCHANK SCHACHNER

Hier sitzen Sie im Schatten einer 200-jährigen Linde und können hausgemachte Mehlspeisen essen. Rund 20 Gehminuten von der Therme sowie vom Gestüt Piber entfernt. *Di, Mi geschl.* | *Schachnerweg 20* | *Tel. 03144/58 04* | €

HARRYS KRUGMOARHÜTTE

Insider Tipp

Urige Hütte auf der Stubalm. Für exzellentes Essen sorgt der mit Auszeichnungen reich dekorierte Koch Harald Krois. Empfehlenswert: der Saibling! *Mo–Do geschl.* | *Kemetberg 59 (4,5 km außerhalb von Köflach)* | *Tel. 03147/269* | €€

ÜBERNACHTEN

GASTHOF ZUR WEINLAUBE

Insider Tipp

Familiärer Gasthof in der Ortsmitte von Köflach, der vor wenigen Jahren komplett renoviert und im zeitgemäßen Landhausstil eingerichtet wurde. In der Gaststube serviert man bodenständig-saisonale Kost auf hohem Niveau. *5 Zi.* | *Peter-Rosegger-Gasse 15* | *Tel. 03144/280 90* | *www.zurweinlaube.at* | €

SUPERIOR HOTEL NOVA

Modernes Wellnesshotel gleich neben der Therme. Hoteleigenes Spa, aber auch direkter, bademanteltauglicher Zugang zur Therme (ermäßigter Eintritt). *132 Zi.* | *An der Quelle 1* | *Tel. 03144/70 10 00* | *www.thermenovakoeflach.com* | €€€

FREIZEIT & SPORT

GOLFPLATZ ERZHERZOG JOHANN

Der 18-Loch-Golfplatz liegt am Rand eines Landschaftsschutzgebiets. Breite und enge Fairways wechseln sich ab, ein Halbinselgrün am fünften Loch sowie die Aussicht zwischen Loch 14 und 17 zählen zu den Highlights. *Mo–Fr* | *Greenfee 47 Euro* | *Puchbacherstr. 109* | *Maria Lankowitz* | *Tel. 03144/69 70* | *www.golf-marialankowitz.at*

MARCO POLO HIGHLIGHTS

★ **Lipizzanerwelt Piber**
Mit den berühmten weißen Pferden der Wiener Hofreitschule auf Tuchfühlung (Seite 46)

★ **Sausal**
Dramatische Weinlandschaften hoch über den Flüssen Sulm und Laßnitz (Seite 52)

★ **Fürstenzimmer Seggau**
Einblicke in die herrschafliche Welt von Adeligen und Bischöfen (Seite 51)

★ **Jagawirt**
So schön ist das Schilcherland – und so gut schmeckt es (Seite 55)

Bärnbach leuchtet: 144 000 Glasmosaikteilchen wurden im Mosesbrunnen verbaut

THERME NOVA

Ein lichter Glasbau, 2004 gebaut, mit jeder Menge Möglichkeiten zum Baden und Erholen. Wem 1000 m^2 Wasserfläche mit Massagesprudel, Wasserfall, Kinderbereich und 25-m-Indoor-Sportbecken nicht genug sind: Es gibt dazu noch mehrere Saunen mit regelmäßigen Aufgusszeremonien und einen herrlichen Ausblick von der Dachterrasse. *Tgl. 9.30–21.45, Saunawelt Mo–Fr 11–21.45, Sa/So 9.30–21.45 Uhr | Eintritt 18 Euro Tageskarte, Abendkarte ab 19 Uhr 9 Euro | An der Quelle 1 | Tel. 03144/70 10 00 | www.thermenovakoeflach.com*

AM ABEND

DISKOTHEK LORBER

Legendäre Disko. Mittwochs Evergreenabend mit den Songs der 1960er bis 80er. *Mo, Di geschl. | Packerstr. 14 | www.restaurant-lorber.at*

AUSKUNFT

TOURISMUSVERBAND LIPIZZANERHEIMAT

An der Quelle 3 | Köflach | Tel. 03144/72 77 70 | www.lipizzanerheimat.com

ZIELE IN DER UMGEBUNG

BÄRNBACH [116 B3]

Größte Attraktion der kleinen Gemeinde (5200 Ew.) ist die *Stadtpfarrkirche St. Barbara* im Zentrum. 1987–88 wurde die Kirche vom österreichischen Künstler Friedensreich Hundertwasser in ein fröhlich-buntes Gotteshaus umgebaut. Vor allem im Außenbereich hat Hundertwasser das Gesicht der Kirche verändert. So gestaltete er im Park um das Gebäude zwölf Torbögen, die für die großen Weltreligionen stehen sollen. Wer von der Kirche zum Stadtpark spaziert, wird dort den mit Glasmosaiken und Blattgold verzierten *Mosesbrunnen* entdecken. Dieser stammt von einem anderen bekannten österreichischen Künstler, dem Wiener Maler Ernst Fuchs.

Auftragsarbeiten für Künstler wie Hundertwasser oder Fuchs gehören zur jüngeren Vergangenheit von Bärnbach. Die Geschichte der Stadt ist jedoch eine gänzlich andere: Seit 200 Jahren wird hier Kohle abgebaut und Glas hergestellt. Einen Einblick in das Handwerk bekommen Sie beim Besuch der Glasfirma Stölzle-Oberglas. Für Besucher gibt es ein Glasmuseum und Mundblasvorführungen. *März–Dez. Mo–Fr 9–17, Sa 9–13 Uhr; Mundbläserei im Rahmen von Führungen Mo–Do stdl. 9–12, Fr 9–11 Uhr | Eintritt 5,50 Euro | Hochtregisterstr. 1–3 | Tel. 03144/70 68 00 | www.glasmuseum.at | 5 km entfernt*

VOITSBERG **[116 B3]**

Die Bezirkshauptstadt (10 000 Ew.) glänzt mit einem schönen historischen Stadtkern. Am lang gestreckten Hauptplatz finden Sie Bauwerke aus den verschiedensten Epochen, darunter die *St.-Michaels-Kirche* mit ihrem gotischen Chor, das *Romhaus* (Nr. 55) mit seinem spätgotischen Tor und Laubengang, das *Reichmannhaus* (Nr. 16), das von 1605 bis 1788 das städtische Rathaus war, oder die hochbarocke *Mariensäule.* Im Kontrast zu den ehrwürdigen Bürgerhäusern steht das neue *Rathaus,* das 2002 vom österreichischen Künstler Arik Brauer mit in Bildsprache umgesetzten Sinnsprüchen verziert wurde. *6 km entfernt*

LEIBNITZ

[116 C5] In der Bezirkshauptstadt im Süden der Steiermark dreht sich vieles um Kürbisse für das beliebte Öl – und alles um Wein. Leibnitz (7500 Ew.) ist bekannt für seine Weinlokale und -veranstaltungen *(Termine unter www.aufzumwein.at)* und für gleich drei Weinstraßen, die hier starten – die Weststeirische, die Sausaler und die Südsteirische Weinstraße.

In der Stadt selbst ist rund um den schmucken Hauptplatz am meisten los. Am besten, Sie nehmen in einem der vielen Straßencafés Platz und tauchen ein in die Stimmung.

SEHENSWERTES

FLAVIA SOLVA

Die einzige Römerstadt der Steiermark liegt in der Leibnitzer Gemeinde Wagna. Zunächst eine Siedlung, er-

>LOW BUDGET

- „Klassik"-Weine sind leichte, spritzige Weine aus dem Vorjahr, die in vortrefflicher Qualität bereits ab 5,70 Euro von den Winzern ab Haus verkauft werden.
- Die Sommerweiden der Lipizzanerhengste (Ende Mai bis September) erstrecken sich auf der Stubalpe zwischen Soldatenhaus und Altem Almhaus. Hier können Sie die Pferde beobachten, ohne dafür Eintritt zu bezahlen. Zum Alten Almhaus kommen Sie mit dem Auto, oder Sie wandern den Weg von der Wallfahrtskirche Maria Lankowitz hinauf *(Weg 546 | ca. 3,5 Std.).* Dabei passieren Sie auch das Soldatenhaus.

hielt Flavia Solva 70 n. Chr. unter Kaiser Vespasian die Stadtrechte. Die Ruinen der Stadt wurden teilweise freigelegt. Im angrenzenden Museumspavillon geben ca. 900 Exponate Einblick in den römischen Alltag, in Totenkult und Götterverehrung. *Mai–Okt. Mi–So 10–17 Uhr | Eintritt 3 Euro | Marburgerstr. 111 | Wagna | www.museum-joanneum.at*

Schloss Seggau: Der frühere Bischofssitz steht heute für Besichtigungen offen

FRAUENBERG

Der Frauenberg liegt am Westrand von Leibnitz auf einem Hügel, der den letzten Ausläufer des Weststeirischen Hügellandes bildet. Funde weisen darauf hin, dass hier bereits in der Jungsteinzeit Menschen siedelten. Erhalten sind die Überreste eines römischen Tempels. Er ist der Göttin Isis Noreia gewidmet, die als Muttergottheit und Schicksalsgöttin auf dem gesamten Gebiet des heutigen Österreichs verehrt wurde. Den Tempel errichteten die Römer auf den Grundmauern keltischer Kultbauten. Darüber wurde 1731 das Messnerhaus für die benachbarte Marienwallfahrtskirche gebaut. Heute beherbergt es das *Tempelmuseum,* in dessen Untergeschoss sich ein Lapidarium mit römischen Steindenkmälern befindet. *Mai–Okt. tgl. 10–16 Uhr | Eintritt 3 Euro | Frauenberg 17 | www.seggauberg.at*

SCHLOSS SEGGAU

Auf einem Hügel über der Stadt thront Schloss Seggau. Gebaut im 12. Jh., wurde es ab 1219 von den

Bischöfen von Seckau erweitert. Zu besichtigen sind der *Renaissancehof* mit Lapidarium, die *barocke Schlosskapelle* und der *bischöfliche Weinkeller*. Die eindrucksvollsten Räumlichkeiten sind die vier sogenannten ★ *Fürstenzimmer*, die zwischen 1742 und 1748 als bischöfliche Repräsentationssäle gestaltet wurden und die bis heute nahezu ganz in ihrer ursprünglichen Form erhalten sind.

Frei zugänglich sind der Schlosshof und die Römersteingalerie. Nach der Besichtigung lohnt sich eine Pause im netten Schlosscafé. *Schlossführungen Mai–Okt. Sa 14, So 11 Uhr; Kellerführungen mit Verkostung ganzjährig Sa 15.30 Uhr (Anmeldung bis 14 Uhr) | Eintritt 5 Euro, Kombiticket mit Schloss-Weinkeller 11 Euro | Seggauberg 1 | Tel. 03452/82 43 50 | www.seggau.com*

ESSEN & TRINKEN

HOTEL-RESTAURANT STARIBACHER

Im rustikal-eleganten Ambiente speisen Sie südsteirische Gerichte auf höchstem Niveau. Lassen Sie auf jeden Fall Platz für die hausgemachte Kardinalschnitte, sie ist die Spezialität des Hauses. Wer über Nacht bleiben will, findet im Haus 31 behaglich eingerichtete Zimmer. *Tgl. | Grottenhof 5 | Leibnitz/Kaindorf | Tel. 03452/825 50 | www.staribacher.at* | €€

ÜBERNACHTEN

WEINBAUERNHOF ASSIGAL

Weinbaubetrieb mit Buschenschank und netten Gästezimmern. Abseits vom Verkehrslärm liegt das Haus der Familie Assigal mitten in den Weinbergen. Es gibt Weinverkostungen und Kellerführungen. *6 Zi. | Seggauberg 45 | Tel. 03452/868 11 | www.assigal.at* | €

AM ABEND

CAFÉ ROSEGGER

Innen schicker Retrostil. Meistens sitzt man aber ohnehin im Gastgarten direkt am Hauptplatz. *Tgl. | Hauptplatz 16 | Tel. 03452/714 40 | www.cafe-rosegger.at*

RÖMERN

Im Sommer findet einmal wöchentlich das Römern-Fest auf dem großen Freigelände neben den Ausgrabungen von Flavia Solva statt: eine kulinarische Veranstaltung, zu der die Musi spielt. *Mai–Sept. Mi 18–24 Uhr | Eintritt frei | Römerdorf Wagna | Tel. 03452/82 58 20*

AUSKUNFT

TOURISMUSVERBAND LEIBNITZ-WAGNA-SEGGAUBERG

Sparkassenplatz 4a | Leibnitz | Tel. 03452/768 11 | www.leibnitz.info

ZIELE IN DER UMGEBUNG

LEUTSCHACH [116 C5]

Der kleine Weinbauort (580 Ew.) ist nicht nur Endpunkt der Südsteirischen Weinstraße, sondern auch der einzige Ort der Steiermark, in dem auch Hopfen angebaut wird. Eine Kostprobe gibt es beim Brauereibesuch mit anschließender Verkostung *(Fr–So 11–18 Uhr | Eintritt 7 Euro | Tel. 0699/10 43 87 49 | www.diebrauerei.com)*. Wer bei den Trauben bleiben will: Eine gute Adresse für Einkäufe ist die *Vinothek-Café Kniely* (Insider Tipp) *(Mo geschl. | Arnfelserstr. 10 | www.vinothek-kniely.com)*.

Keinesfalls versäumen sollten Sie die *Glanzer Hoftour,* auf der Sie die Produkte der Region probieren können *(Start/Ziel Abels Käsehof | Dauer ca. 3 Std. | Wegbeschreibung im Tourismusbüro am Hauptplatz).* Auf *Abels Käsehof* kredenzt Chefin Gabi Abel Bodenständiges auf höchstem Niveau im Ziegelgewölbe des alten Stalles – sehr gemütlich! *Tgl. | Fötschach 9 | Leutschach-Leibnitz | Tel. 03454/63 84 | www.kaesehof-abel.at*

SAUSAL ★ **[116 C4–5]**

Das Hügelland zwischen den Flüssen Sulm und Laßnitz heißt Sausal. Hier sind die Weinlagen enorm steil und die Aussicht ist entsprechend dramatisch. Von Leibnitz kommend, biegen Sie gleich nach dem Sulmsee in Richtung St. Nikolai ab. Im Ort einen Besuch wert sind die Insider Tipp *Whiskydestillerie Weutz (Shop Di–Sa 10–17 Uhr, Führungen gegen Voranmeldung | St. Nikolai 6 | Tel. 03185/344 40 | www.weutz.at)* wie auch die ausgezeichnete Buschenschank *Pichler-Schober (Mai–Okt. Mi–So ab 14 Uhr, Nov.–April Fr–So ab 14 Uhr | Mitteregg 26 | Tel. 03456/34 71).*

Wer mehr über die Geschichte des Weins erfahren will, besucht in Kitzeck (Österreichs höchstgelegenem Weinort) das dortige *Historische Weinbaumuseum (April–Okt. Sa/So 10–12 und 14–17 Uhr).* Beim Museum beginnt auch ein 10 km langer, thematischer *Rundwanderweg.* Mit 600 Höhenmetern geht die Tour durchaus in die Beine, doch auf müde Wanderer warten unterwegs mehrere Einkehrmöglichkeiten *(RWW 8 | Gehzeit ca. 3,5 Std.).* Als krönender Abschluss des Tages empfiehlt sich die

Die steilsten Weinberge Österreichs finden Sie hier, auf der Sausaler Weinstraße

Einkehr beim *Weinhof Kappel (Mitte März–Mitte Jan. Fr–Di | Steinriegel 25 | Kitzeck | Tel. 03456/23 47 | www.weinhof-kappel.at)*.

STAINZ

[116 B4] **Stainz (2400 Ew.) ist ein schmucker Marktflecken, dessen Cafés und schattige Gastgärten zum Verweilen statt zum Weiterhetzen einladen.** Die Gemeinde ist auch die Heimat des Schilchers. Der charaktervolle, säurehaltige Roséwein wird aus der Blauen Wildbacherrebe gewonnen, die an den sonnigen Hängen der Koralpe heranreift. Der Schilcher hat der Region den Namen Schilcherland gegeben – und erlebt derzeit unter Weinfreunden eine Renaissance. In den lauschigen Buschenschänken von Stainz können Sie ihn probieren.

SEHENSWERTES

JAGDMUSEUM SCHLOSS STAINZ

Im historischen Ambiente des gewaltigen Schlosses (ehemals Augustiner-Chorherrenstift) oberhalb von Stainz ist eine riesige Ausstellung zum Thema Jagd zu sehen. Die Kulturgeschichte der Jagd wird anhand steinzeitlicher Speerschleudern, reich geschmückter kaiserlicher Gewehre oder auch Jagdmalereien dokumentiert. Sie erfahren auch viel über Wildtiere und Wildökologie – selbst für Nichtjäger sehr interessant. *April–Okt. Di–So 9–17, Nov.–März 9–16 Uhr | Eintritt 7 Euro | www.museum-joanneum.at*

STAINZER FLASCHERLZUG

Der Flascherlzug ist eine Dampflok mit einer kuriosen Geschichte: Der Name des Zuges stammt aus der Zeit, als in Rachling ein Arzt namens Johann Reinbacher praktizierte. Es hieß, Reinbacher – vulgo Höllerhansl – könne Krankheiten aus dem Urin ablesen. Also reisten die Menschen auf der Suche nach Heilung mit der Stainzer Bahn zu ihm – im Gepäck ein mit Urin gefülltes Flascherl. Heute ist die Zugfahrt mit der Lok von 1894 ein nostalgisches Vergnügen. *April–Aug. und Nov. Sa, So 15 Uhr, Sept.–Okt. Fr 15, Sa, So 10 und 15 Uhr | Fahrpreis hin und zurück (Stainz–Preding–Stainz: 2 Stunden) 12 Euro | www.bahnerlebnis.at*

ESSEN & TRINKEN

RAUCHHOF Insider Tipp

Kulturwirtshaus, Spezialitätenrestaurant und Dorfstube in einem. Auf den Tisch kommen Forellen aus eigener

Zucht, im Frühjahr selbst gezogener Spargel, ab August Kürbis und mit Herbstbeginn Wild aus der Region. Auch sehr schöne Zimmer *(€–€€)*. *Mo, Di geschl. | Tel. 03463/28 82 | Wald 21 | www.rauch-hof.at | €€*

EINKAUFEN

ÖLMÜHLE HERBERSDORF

Hier wird Kürbiskernöl noch nach alter Tradition gepresst. *Mo–Mi, Sa 9–16 Uhr | Herbersdorf 9 | Rassach | www.oelmuehle.herbersdorf.at*

ÜBERNACHTEN

STAINZERHOF

Mitten im Ort und doch – dank eines schönen Gartens – im Grünen: Hier können Sie nicht nur behaglich wohnen, sondern auch gut essen. Zum Hotelbetrieb gehören Sauna, Dampfbad und ein bestens sortierter Weinkeller. *35 Zi. | Grazer Str. 2–4 | | Tel. 03463/21 15 | www.stainzerhof.at | €€*

AM ABEND

In Stainz gibt es den sehr aktiven Kulturverein Stainzeit *(www.stainzeit.at)*, der an verschiedenen Orten (z. B. im Schloss oder in der Hofer-Mühle) Lesungen, Theater oder Ausstellungen organisiert.

DIE MÜHLE ▸▸

Café und Chill-out-Bar. Topweine aus der Region und Cocktails. *So geschl. | Rathausplatz 2 | www.diemuehle.com*

AUSKUNFT

TOURISMUSVERBAND SCHILCHERLAND STAINZ-REINISCHKOGEL

Rathausplatz 4 | Stainz | Tel. 03463/45 18 | www.schilcherland.com

ZIELE IN DER UMGEBUNG

BURG DEUTSCHLANDSBERG [116 B4]

Die mittelalterliche Burg erhebt sich trutzig auf einem Felsen hoch über der Bezirkshauptstadt Deutschlandsberg. Seit der Jungsteinzeit war dieser aussichtsreiche Platz immer wieder besiedelt, die erste urkundliche Nennung eines Burggrafen datiert auf 1153. Hier können Sie das *Burgmuseum Archeo Norico* besuchen,

> KLAPOTETZ

Warum sich die steirische Vogelscheuche dreht

Die weithin sichtbaren Räder der Klapotetze, die sich im Wind drehen, sind das Wahrzeichen des Weinlands. Der Name leitet sich aus dem slowenischen „klopotati" ab, was auf Deutsch „klappern" heißt. Die geräuschvollen Räder sollen die Vögel von den Weingärten vertreiben und sie so am Naschen hindern. Traditionellerweise wird der Klapotetz am Jakobi- und Annatag (25. und 26. Juli) aufgestellt und nach der Weinlese um den Martinitag (11. November) wieder abgebaut. Gebaut wird er aus unterschiedlichen Holzarten: Der Korpus besteht aus Eschenholz, die Flügel aus Fichte, das Klangbrett aus Vogelkirsche und die Verbindungsstücke sind wegen der starken Beanspruchung aus dem sehr harten Holz der Kornelkirsche gefertigt. Am Ende des Rads bietet ein Bund aus Birkenzweigen dem Wind eine erweiterte Angriffsfläche.

das Sammlungen zu Vor- und Frühgeschichte sowie zur Keltenzeit zeigt *(Mitte März–Mitte Nov. tgl. 10–19 Uhr | Eintritt 9 Euro | Tel. 03462/56 02 | www.burgmuseum.at)*. Ein Teil der alten Burg wird zum Hotel mit Restaurant umgebaut. Bei schönem Wetter ist die Burgterrasse ein wunderbarer Platz zum Entspannen. *13 km entfernt*

JAGAWIRT ★ **[116 B4]**

Schmale Straßen, Weinstöcke, dichte Wälder – mitten im Idyll des Schilcherlands liegt der Jagawirt. Der uralte Hof diente bereits im 18. Jh. als Rast für Reisende, die von Stainz nach Modriach unterwegs waren. Die jetzigen Wirtsleute setzen die alten bäuerlichen Traditionen des Hofes fort. Dazu gehört, dass sie auf dem Gelände alte Nutztierrassen züchten und regelmäßig Volksmusikanten in den Gastgarten einladen. Wer über Nacht bleiben will, hat die Wahl zwischen Zimmern im Haupthaus, im Gartenhäuserl oder dem urigen Jagahäuschen *(€€). Mi geschl. | Sommereben 3 | Tel. 03143/81 05 | www.jagawirt.at | 9 km entfernt*

KORALPE **[116 A4–5]**

Die Koralpe (im Volksmund Koralm) ist ein Gebirgszug, der die Steiermark von Kärnten trennt. Sein höchster Gipfel ist der 2140 m hohe *Große Speikkogel*. Fahren Sie zur Passhöhe auf der Weinebene hinauf (ausgeschildert ab Deutschlandsberg), der Ausblick ist sensationell: Auf der einen Seite haben Sie Kärnten, auf der anderen die Steiermark im Blick. Noch mehr lohnt sich eine kleine Wanderung über die federnden Almböden, begleitet vom Läuten der Kuhglocken. Auf dem Weg vom Tal bis zum Gipfel hinauf können Sie das Bergpanorama genießen. Start der Wanderung (machbar von April bis Oktober) ist die Passhöhe auf der

Ein Treff im Schilcherland: der Jagawirt

Weinebene. Folgen Sie dem Rundwanderweg 20 (RWW 20) über Reihalm und Reihkehre zur Grünangerhütte. Von dort geht es über Grillitschgatter und Bärentalalm wieder zurück zum Ausgangspunkt. Planen Sie bei der Rückfahrt einen Abstecher in *Glashütten* ein, einem pittoresken Dörfchen mit Glasmachervergangenheit. *38 km entfernt* Insider Tipp

> DIE KRAFT DER VULKANE

Tief aus dem Erdreich sprudelt heißes, heilkräftiges Thermalwasser – der steirische Südosten ist das Land der Wellness

> Eine Patchworklandschaft aus Wiesen, Wäldern und Weingärten überzieht im Südosten das immer flacher werdende Land. Trutzige Burgen thronen hoch auf solitären Felsen. Diese weithin sichtbaren Hügel sind die Reste einer Millionen von Jahren zurückliegenden Vulkantätigkeit.

Die Zeiten, als glühend heiße Lava aus dem Erdinneren hochkochte, sind lange vorbei, doch der Vulkanismus prägt den Landstrich bis heute. Zum einen landwirtschaftlich: Im steirischen Vulkanland mit seinen fruchtbaren Böden gedeiht so gut wie alles, weshalb die Region auch das kulinarische Aushängeschild der Steiermark genannt wird. Zum anderen hinterließen die Eruptionen zahlreiche mineralstoffreiche Thermalquellen, deren Heilwasser bei Beschwerden wie Bandscheibenleiden oder Rheumatismus helfen. Heute gibt es in der Region neun Thermen, die zum gesunden Baden einladen.

Bild: Hundertwasser-Therme in Bad Blumau

THERMEN REGION

Die Thermenregion ist ein stiller, weil dünn besiedelter Landstrich, was historisch bedingt ist: Im Grenzland zu Ost- und Südeuropa war stets die Furcht präsent, dass Magyaren, Türken oder Kuruzzen (ungarische Aufständische) einfallen und alles verwüsten könnten. Burgen, wehrhafte Schlösser und stark befestigte Städte bezeugen diese unruhige Vergangenheit und sind nach einem Wellnesstag einen Besuch wert.

BAD RADKERSBURG

[117 E–F5] ★ **Die kleine Stadt im äußersten Südosten der Steiermark ist bekannt für ihre 80 Grad heiße Thermalquelle wie auch für ihre wunderschöne Altstadt.** Angelegt wurde Bad Radkersburg (1450 Ew.) im 13. Jh. als Festung gegen die Ungarn. Dieser Wehrcharakter wird besonders deutlich, wenn Sie sich vom Kurzentrum her nähern und die eindrucksvolle spätmittelalterliche Stadtmauer vor

Wo einst die erste Stadtbefestigung stand, finden Sie heute die Pfarrkirche

Ihnen aufragt. Die Festungsanlage ist nahezu geschlossen erhalten und schützt ein Kleinod historischer Städtebaukunst in ihrem Inneren. Wenn Sie weiterspazieren, können Sie zu Fuß einen Ausflug nach Slowenien unternehmen – einfach über die Murbrücke gehen, schon sind Sie im Nachbarland.

SEHENSWERTES

ALTES ZEUGHAUS

In dem Haus (16. Jh.) ist die wechselvolle Geschichte der Stadt in einer modernen Ausstellung dokumentiert. Mehr zu den vor- und frühgeschichtlichen Funden in der Region zeigen die Außenstellen des Museums in Hummersdorf, Tieschen und Grössing sowie das *Römerzeitliche Museum* in Ratschendorf. *Mai–Okt. Di, Mi, Fr, Sa 14–18 Uhr; Führung nach Voranmeldung | Eintritt 3,50 Euro | Emmenstr. 9*

HAUPTPLATZ

Im Mittelalter war hier der Marktplatz. Händler, die in die Stadt kamen, mussten sich verpflichten, mindestens drei Tage zu bleiben – was Gastronomie und Gasthäuser aufblühen ließ. In bester Tradition reihen sich am Platz heute die Cafés aneinander.

Flankiert wird der Hauptplatz von zwei- bis dreigeschossigen Gebäuden, die einst im Besitz wohlhabender Händler und Adeliger waren. Der *Rathausturm* ist das Wahrzeichen der Stadt, der *Brunnen* stellt den Grundriss der Befestigungsanlage mit ihren sieben Basteien dar und die *Mariensäule* erinnert an die Pestplage von 1680.

STADTPFARRKIRCHE

Die gotische Basilika wurde auf einem Wehrturm aufgebaut. An der Westseite des Turms, der ursprünglich zur ersten Stadtbefestigung gehörte, sind noch die Schießscharten zu sehen. Man betritt die Kirche (16. Jh.) durch ein kunstvoll gestaltetes Portal aus hellem Sandstein. *Pfarrgasse/Kirchgasse*

ESSEN & TRINKEN

METZGERWIRT

Auf den Teller kommen Produkte aus eigener Herstellung, Rippchen, Stelzen (knusprig gebratenes Eisbein), Wurzelfleisch und Surbraten (gepökelter Braten). Die Spezialität des Hauses sind Kürbiskernwürste. Sehr netter Garten. *So geschl. | Emmenstr 4–6 | Tel. 03476/21 68 | www.metzger-wirt.at | €€*

EINKAUFEN

CERAMIC IM CENTRUM

In der Außenstelle des Zeughausmuseums hat Friederike Koscher ihr Atelier. Die Kunsthandwerkerin verkauft dort auch ihre selbst gemachte Keramik. *Hauptplatz 2 (im Johannes-Aquila-Kulturhof)*

ÜBERNACHTEN

HOTEL IM PARK

Luxuriöses Haus der gehobenen Klasse mit unterirdischem Zugang zur Parktherme, aber auch mit eigenem, thermengespeistem Wellnessbereich. Die Innenstadt ist über den Stadtpark in wenigen Minuten zu Fuß erreicht. *96 Zi. | Kurhausstr. 5 | Tel. 03476/257 00 | www.hotel-im-park.at | €€€*

RESIDENZ DOMENICO

Insider Tipp

Das Patrizierhaus der Familie List ist ein typisches altes Stadthaus mit hübschem Hinterhofgarten, in dem Ihnen das Frühstück serviert wird. *7 Zi. | Bindergasse 1 | Tel. 03476/25 13 | www.residenz-domenico.at | €€*

FREIZEIT & SPORT

PARKTHERME

Großzügige Therme mit Thermal- und Sportbecken, Kinderbereich und Saunawelt. Das Thermalwasser sprudelt aus 1930 m Tiefe und ist 80 Grad heiß. Im Thermalquellbecken ist es dann auf angenehme 36 Grad abgekühlt. *Mo–Do 9–21.30, Fr, Sa 9–23, So 9–20 Uhr | Tageskarte 18,55 Euro | Alfred-Merlini-Allee 7 | Tel. 03476/267 70 | www.parktherme.at*

RADFAHREN

Im flachen Murtal ist Radfahren kaum anstrengender als Spazierengehen. Es gibt Radtouren von 5 bis 136 km Länge. Konditionsstarke radeln landeinwärts ins Hügelland, acht Touren stehen zur Wahl. Wer lieber gemütlich in die Pedale tritt, unternimmt eine der sechs Touren nach Slowenien. *Radkarten und Tourenführer beim Informationsbüro Bad Radkersburg*

MARCO POLO HIGHLIGHTS

★ Bad Radkersburg
Ein Kleinod historischer Städtebaukunst plus Entspannung in der Therme (Seite 57)

★ Riegersburg
Ausblicke auf die Oststeiermark und Einblicke ins mittelalterliche Leben (Seite 64)

★ Therme Rogner Bad Blumau
Pure Entspannung: Friedensreich Hundertwasser gestaltete diese Wellnesslandschaft (Seite 62)

★ Schloss Herberstein
Trutziges Schloss mit grandiosem Tierpark und spannendem Kunstmuseum (Seite 67)

AM ABEND

TÜRKENLOCH

Treffpunkt der Einheimischen aller Altersklassen. Warme Küche bis Mitternacht. *Di–Sa 10–2 Uhr | Langgasse 10*

AUSKUNFT

REGION BAD RADKERSBURG

Stadtführungen April–Okt. Do um 16, Nov.–März um 15 Uhr, Treffpunkt im Infobüro *(Kosten: 3 Euro).*

Hauptplatz 14 | 8490 Bad Radkersburg | Tel. 03476/25 45 | www.badradkersburg.at.

ZIELE IN DER UMGEBUNG

BAD GLEICHENBERG [117 E4]

Nostalgisches Flair im ältesten Kurort der Steiermark (2200 Ew.). Herzstück des Orts, dessen Architektur in der Biedermeierzeit begründet wurde, ist der 20 ha große *Kurpark*. Im neuzeitlichen *Kurhaus* werden Haut-, Atemwegs- und Rheumapatienten behandelt, unter anderem mit einer Kältekammertherapie. | *www.bad-gleichenberg.at | 25 km entfernt*

KLÖCH [117 E5]

Die Weinbauern der Marktgemeinde Klöch (1260 Ew.) produzieren Traminerweine von Weltformat und andere feine Tropfen. Machen Sie einen kulinarischen Ausflug und genießen Sie zunächst die herrliche Aussicht vom Wehrturm der Burgruine *(Ostern–Okt. tgl. 12–18 Uhr),* bevor Sie sich dann bei einer Wanderung auf dem (gut ausgeschilderten) *Klöcher Traminerweg* Appetit holen. Es gibt zwei je 7 km lange Wege, Ausgangs- und Endpunkt für beide ist die Vinothek Klöch (Gehzeit jeweils ca. 2,5 Std.). Zum krönenden Abschluss des Tages sollten Sie entweder in der *Buschenschank Frühwirt* einkehren *(Deutsch Haseldorf 46 | www.fruehwirt.at)* oder im *Gasthof und Weingut Palz (Klöchberg 45),* wo es

Beste Aussichten: Das Schloss Kapfenstein steht mitten in den Weinbergen

Insider Tipp das beste steirische Backhendl weit und breit gibt. *10 km entfernt*

SCHLOSS KAPFENSTEIN [117 E4]
Auf einem erloschenen Vulkankegel steht das Schloss der Familie Winkler-Hermaden. Die burgartige Anlage aus dem 11. Jh. ist ein alter Trutz- und Schutzwall, der zahlreichen Angriffen der Hunnen, Türken und Kuruzzen standgehalten hat. Das Schloss selbst ist nicht zu besichtigen, aber Sie können hier wunderbar wohnen, fein speisen und erstklassige Weine kaufen. *Hotel: Mitte März–Mitte Dez.; Restaurant: April–Nov. tgl. 11–23 Uhr (in der Nebensaison Mo–Mi geschl. | Kapfenstein 1 | Tel. 03157/30 03 00 | www.winkler-hermaden.at | 21 km entfernt*

STRADEN [117 E4]
Mit seinen vier Kirchen auf einem vulkanischen Hügel zählt das Dorf (1600 Ew.) zu den schönsten im ganzen Bezirk. Zwischen Weinbergen und Buschenschänken hat sich im Ortsteil Hof ein kleines Museumsdreieck etabliert. Zu sehen gibt es dort die Schau *Nostalgisches Landleben (Di geschl. | Eintritt frei | Bulldogwirt, Hof bei Straden 2),* das *Hochzeitsmuseum* und das *Heilwassermuseum (Juni–Okt. jeden 1. und 3. Sa/So im Monat 14–18 Uhr | Eintritt 3 Euro | Johannisbrunnen, Hof bei Straden 17). www.straden.at | 20 km entfernt*

FÜRSTENFELD

[117 F3] Fürstenfeld (6000 Ew.) ist als Thermenhauptstadt bekannt: Vier der insgesamt neun Thermen der Region liegen im Umkreis von weniger als 25 km. Fürstenfeld selbst hat eine adrette Innenstadt, die vor einigen Jahren renoviert wurde. Ihr Markenzeichen sind die vielen Cafés mit Sonnenterrassen.

SEHENSWERTES

BRUNNEN
Früher hatte fast jedes Haus in der Innenstadt einen Brunnen. Im Zuge der Stadterneuerung hat man das Thema aufgegriffen, und es wurden neun teils historische Brunnen zeitgemäß umgestaltet. Am interessantesten ist der *Türkenbrunnen* an der Ecke Hauptstr./Ungarstr.: Wenn die Grenzlandbewohner bei einem der häufigen Überfälle fliehen mussten, versteckten sie ihre Wertsachen in dessen Tiefen.

PFEILBURG
Der ehemalige Wohnturm der mittelalterlichen Stadtmauer (13. Jh.) wurde im Laufe der Jahrhunderte mehrfach umgebaut und beheimatet nun das städtische Museum. *April–Okt. Di–So 10–18, Nov.–März Sa 14–17 Uhr | Eintritt 5 Euro | Klostergasse 18 | www.fuerstenfeld.at/pfeil*

ESSEN & TRINKEN

BRAUGASTHAUS FÜRSTENBRÄU
Gutbürgerliche Küche, traditionelles Gasthausambiente. Eigene Brauerei. *Tgl. | Hauptstr. 31 | Tel. 03382/55 25 50 | www.fuerstenbraeu.at | €€*

RISTORANTE VALENTINO Insider Tipp
Edelitaliener mit wöchentlich wechselnder Spezialitätenkarte, Fisch und Meeresfrüchte auf Vorbestellung. Reservieren! *Sa/So geschl. | Grazer Platz 9 | Tel. 03382/53 8 83 | €€*

ÜBERNACHTEN

GASTHOF FRÖHLICH

Der klassische Gasthof liegt zentral in Fürstenfelds Innenstadt. Die Zimmer gehen nach hinten hinaus. *15 Zi. | Hauptstr. 11 | Tel. 03382/523 22 | www.gasthof-froehlich.at* | €

FREIZEIT & SPORT

FREIBAD FÜRSTENFELD

Eingebettet in die naturbelassene Landschaft zwischen Feistritzufer und dem städtischen Buchwald. Sprungtürme, Riesenrutschen und direkter Zugang zum Campingplatz. Beliebt bei ▶▶ Beachvolleyballern. *Mai–Sept. tgl. 8–20, So ab 7.30 Uhr | Tageskarte 4,50 Euro | Badstr. 1 | www.dasfreibad.at*

AM ABEND

GRUAM DISKOTHEK ▶▶

Seit den frühen 60er-Jahren Treffpunkt nicht nur der Jugend und der jung Gebliebenen, sondern auch immer wieder von Szenemusikern. *So–Do ab 20, Fr, Sa ab 18 Uhr | Hauptstr. 32*

AUSKUNFT

TOURISMUSVERBAND FÜRSTENFELD

Hauptstr. 2a | | Fürstenfeld | Tel. 03382/55 47 00 | www.thermenhauptstadt.at

ZIELE IN DER UMGEBUNG

BAD BLUMAU [117 F2]

Das Besondere an der kleinen Gemeinde (1600 Ew.) ist die ★ *Therme Rogner Bad Blumau,* ein Hotelkomplex mit Thermalbad. Die gesamte Anlage wurde von Friedensreich Hundertwasser in seiner typischen Architektur entworfen. Die Dächer sind begrünt, goldene Kuppeln glänzen weithin, und keines der 2400 Fenster gleicht dem anderen. Ein bunter Mix aus Farben und Formen

> BÜCHER & FILME

Die Steirer mögen es spannend und rustikal

- > **Kramasuri** – Wissen Sie, wie man Kernölflecken aus der Bluse entfernt und was eine Oaschkretzen ist? Nein? Macht nichts: Das umfassende Handbuch des Steirerwissens von Robert Engele und Christian Penz gibt Ihnen die Antworten darauf.
- > **Der stille Ozean** – Gerhard Roth, der große Grazer Literat, schreibt über das Leben in der steirischen Provinz.
- > **Das ewige Leben** – Autor Wolf Haas hat mit der Figur des Simon Brenner einen durch und durch österreichischen Privatdetektiv geschaffen. Im letzten Band der Krimireihe kehrt der abgehalfterte Brenner nach Graz, an den Ort seiner Kindheit, zurück.
- > **Aus dem Leben Hödlmosers** – Der Schriftsteller Reinhard P. Gruber zeichnet in seinem Hödlmoser-Roman ein äußerst schräges Psychogramm der steirischen Landesseele. Nicht jedermanns Sache, aber ein viel zitiertes Werk.
- > **Ranfilm** – Die kleine steirische Filmproduktion *(www.ranfilm.at)* hat eine Reihe von erstklassigen Dokumentationen über einzelne steirische Regionen produziert, etwa übers Murtal oder über den Erzberg.

ist dabei entstanden, der im Detail doch stimmig wirkt. Die Thermal- und Saunalandschaft bietet Wellness auf 8500 m² Wellnesslandschaft, zu der auch zwei Heilquellen gehören. *hotel.* Einzigartig sind die Anwendungen der TSM (Insider Tipp) – der Traditionell Steirischen Medizin: Altes Wissen aus der Naturheilkunde wird mit modernen medizinischen Erkenntnis-

In der Therme von Bad Waltersdorf können Sie wunderbar entspannen

sen verbunden. *Heiltherme Mo–Do, Sa 9–22, Fr bis 23, So bis 21 Uhr | Tageskarte ohne Sauna 18 Euro | www.heiltherme.at | 17 km entfernt*

Das Hotel (€€€) verteilt sich auf mehrere Gebäude und über einen riesigen Park. Die gesamte Anlage befindet sich am Rand von Bad Blumau. *Therme tgl. 9–23 Uhr | Mo–Fr 39 Euro, Sa, So 46 Euro (tel. Reservierung empfohlen) | Tel. 03383/ 51000 | www.blumau.com | 9 km entfernt*

BAD WALTERSDORF [117 E–F2]

Auf halbem Weg zwischen Hartberg und Fürstenfeld liegt Bad Waltersdorf (2100 Ew.). Zentrum des Kurortes ist die öffentlich zugängliche Heiltherme mit dem angeschlossenen *Quellen-*

EDELSBACH [117 E3]

23 Jahre lang baute der Landwirt Franz Gsellmann (1910–81) an seiner Weltmaschine (Insider Tipp), die nichts produziert und auch sonst keine sinnvolle Aufgabe hat. Sie ist einfach ein knallbuntes Kuriosum, das blinkt, pfeift, rasselt, klingelt und leuchtet. Gsellmann hat sich mit seinem Werk als Künstler gezeigt, ohne je einer sein zu wollen. Zu besichtigen ist das wun-

dersame Werk auf dem Hof der Familie in Edelsbach bei Feldbach. *Mi–Mo 9–18 Uhr | Eintritt 3 Euro | Tel. 03115/29 83 | www.weltmaschine.at | 28 km entfernt*

Bitte eintreten: Die 850 Jahre alte Riegersburg ist heute eine Touristenattraktion

RIEGERSBURG ★ [117 F3]
Die 850 Jahre alte Festung steht als weithin sichtbares Wahrzeichen der Oststeiermark auf einem 482 m hohen Vulkanfelsen. Ihre Geschichte ist eng mit der Verfolgung und Verurteilung von Hexen verbunden *(Hexenmuseum)*. Besonders sehenswert ist der *Rittersaal* mit wunderbaren Holzarbeiten, der berühmten Hausorgel und dem Bildnis der „schlimmen Liesl", einer der schillerndsten Figuren der Steiermark im 17. Jh. – unter anderem, weil sie drei Mal verheiratet war.

In Burgnähe gibt es eine *Greifvogelwarte* mit Falknervorführung sowie eine außerordentliche kulinarische Adresse: die *Schokoladen-Manufaktur Josef Zotter,* die weit über Österreich hinaus für beste Schokoladen bekannt ist *(Führungen mit Verkostung | Bergl 56a | Riegersburg | www.zotter.at). Riegersburg: Mai–Sept. tgl. 9–17, April und Okt. tgl. 10–17 Uhr, Führungen tgl. Juli, Aug. sowie an Sonntagen um 10, 12.30 und 15 Uhr | Eintritt 9,50 Euro | Tel. 03153/86 70 | www.riegersburg.com | 12 km entfernt*

HARTBERG

[117 E1] **In Hartberg (6600 Ew.) wird man auf Schritt und Tritt von der Geschichte verfolgt. Kein Wunder: Die Gegend um die Metropole der Oststeiermark hat eine gut 3000-jährige Siedlungsgeschichte.** Wer durch die engen Gassen und vorbei an den Resten einst wehrhafter Mauern spaziert, fühlt sich leicht in die Vergangenheit der Stadt versetzt. Die historischen Sehenswürdigkeiten der Stadt lassen sich bequem zu Fuß entdecken. Entspannen können Sie danach in einem der vielen kleinen Gastgärten mitten in der Stadt.

Hartberg ist auch ein guter Ausgangspunkt für Entdeckungsfahrten durch den Naturpark Pöllauer Tal, das Joglland, das Almenland und das Apfelland.

SEHENSWERTES

INNENSTADT

Historie, wohin man schaut: Von der einst imposanten Stadtmauer stehen u. a. noch die Wehrtürme *Reckturm* (im Schlosspark) und *Schölbingerturm* (am Stadtteich). Am oberen Ende des Parks steht *Schloss Hartberg,* begründet im 12. Jh., Wohnstätte der späteren Stadtherren von Hartberg (nur von außen zu besichtigen). Zwei weitere lohnenswerte Ziele sind die barockisierte *Stadtpfarrkirche* mit dem Hartberger Karner sowie das *Rathaus* von 1898 (am Hauptplatz). Hintergrundwissen zur Stadtgeschichte vermittelt das *Städtische Museum (Mi–So 10–16 Uhr | Eintritt 4 Euro | Herrengasse 6).*

KARNER

Ein Karner ist eine Friedhofskapelle mit angeschlossenem Bestattungswesen. Der Hartberger Karner – bedeutendster spätromanischer Bau der Oststeiermark – steht unmittelbar bei der Kirche. Sein Untergeschoss (13. Jh.) war einst ein „Beinhaus" – hier wurden die Toten aufgebahrt. Das Obergeschoss diente als Taufkapelle. In den Jahren 1889–94 wurde der Karner umfassend renoviert. Dabei wurden die romanischen Fresken im Inneren teilweise neu angelegt: Die Originalbilder waren mit Kalk übertüncht und dadurch zerstört worden. *Tgl. (ggf. im Pfarrhof nachfragen) | Hauptplatz 11*

ESSEN & TRINKEN

RESTAURANT VINOTHEK PUSSWALD

Ausgezeichnetes Lokal, das keine Berührungsängste mit mediterraner oder asiatischer Küche kennt. Auch vier sehr schöne, moderne Zimmer *(€€). So, Mo geschl. | Grazer Str. 18 | Tel. 03332/625 84 | www.restaurant-pusswald.at* | €€

>LOW BUDGET

- Besonders günstig und zudem extrem schön wohnen Sie in den Ferienhäusern von *Landlust* – die bäuerlichen Häuser, mindestens 100 Jahre alt, wurden stilvoll saniert. Eine Ferienwohnung für zwei finden Sie ab 40 Euro. *www.landlust.at*
- Geburtstagskinder erhalten freien Eintritt in der Parktherme Bad Radkersburg. *www.parktherme.at*
- Im milden Klima des steirischen Südens können Sie gut und günstig zelten: Campingplätze finden Sie z. B. am *Röcksee (20 km von Bad Radkersburg | www.roecksee.at)*, in *Fürstenfeld (direkt am Freibad | www.camping-fuerstenfeld.at)*, in *Stubenberg (am See | www.camping-stubenberg.at)* oder im *Almenland (Bauernhof in Fladnitz | www.almenland-camping.at).*

ZUM BRAUHAUS
Zentraler, alteingesessener Gasthof mit Spezialitäten der Steirer- und Wienerküche. Hier können Sie auch übernachten *(€)*. *Mo geschl.* | *Wiener Str. 1* | *Tel. 03332/622 10* | *www.brauhaus.co.at* | €€

ÜBERNACHTEN

ALTER GERICHTSHOF
Historisches Haus im Zentrum, aufwendig in ein charmantes, familiäres Gästehaus umgewandelt. Besonders empfehlenswert sind die vier Mansardenzimmer: poppige Farben kontrastieren mit stilvollem Interieur. *16 Zi.* | *Herrengasse 4* | *Tel. 03332/633 56* | *www.hotel-altergerichtshof.at* | €€

Insider Tipp

ZUR GRÜNEN AU
Vollkommene Entspannung und doch ist die Stadt nah: Der Wellnessgasthof liegt auf einer Lichtung im Wald, keine 10 km außerhalb von Hartberg. *16 Zi.* | *Winzerdorf 45 (Richtung Pöllau)* | *Tel. 03332/632 77* | *www.gruene-au.at* | €€

AM ABEND

YOYO PUB-DISCO
Hippes Pub. Gegen 22 Uhr werden die Boxen aufgedreht und statt launiger Backgroundmusik fetzen dann Diskorhythmen. *Tgl. ab 18 Uhr* | *Michaelisgasse 7* | *www.yoyo.at*

AUSKUNFT

TOURISMUSVERBAND HARTBERG
Rochusplatz 3 | *Hartberg* | *Tel. 03332/66 50 50* | *www.hartberg.at*

ZIELE IN DER UMGEBUNG

ALMENLAND [116 C1]
Das größte zusammenhängende Almweidegebiet Europas. Der Naturpark erstreckt sich vom Rabenwald im Osten bis zur Bärenschutzklamm im Westen. Neben Pferden und Schafen weiden auf den Wiesen jeden Sommer knapp 4000 Almochsen, die

Ein Jahrtausend Buchgeschichte: Die Stiftsbibliothek Vorau bewahrt es in ihrer mächtigen Halle

später als regionale Spezialität auf dem Teller landen: unbedingt bei einem der Almenlandwirte probieren! Auf dem weiten Hochplateau der Almen können Sie vortrefflich wandern, zudem gibt es ein breites Sportprogramm – vom Reiten oder Klettern im Sommer bis zum Schneeschuhwandern oder Eisstockschießen im Winter. *www.almenland.at*

PÖLLAU [117 E1]

Die ehemalige Stiftskirche im Ort (2100 Ew.) ist die größte barocke Kirche des Landes. Weil ihr Grundriss dem Petersdom in Rom nachempfunden ist, nennt man sie auch den Steirischen Petersdom. Bevor Sie sich nach dem Kirchgang aufmachen, den Naturpark Pöllauer Tal zu erkunden, sollten Sie ein hausgemachtes Eis in der *Lebzelterei Ebner* probieren. Die Konditorei stellt seit drei Generationen Süßes nach alten Rezepten her *(Do geschl. | Lamberggasse 31). Tourismusverband Naturpark Pöllauer Tal | Tel. 03335/42 10 | www.naturpark-poellauertal.at*

STIFT VORAU [115 E4]

Das Augustiner-Chorherrenstift, gegründet 1163, besitzt einen der schönsten Bibliothekssäle Österreichs. Auch sehenswert ist die Kirche, die selbst für die Maßstäbe des überschwänglichen Barock opulent ausgestaltet ist. *Klosterführungen April–Okt. Mo–Fr stdl. 10–16, Sa 10/11, So stdl. 11–16 Uhr, Nov.–März nur Di–Sa | Führung 5 Euro | www.stift-vorau.at | 22 km entfernt*

In Vorau sind Sie bereits im sogenannten Joglland, einer beschaulichen Gegend voller Wälder. Hier können Sie auf aussichtsreichen Wegen wandern, ohne sich konditionell zu überfordern. Wanderinfos unter *www.joglland-waldheimat.at.*

STUBENBERGSEE [117 E1–2]

Der Badesee *(Eintritt 4,50 Euro)* liegt im Apfelland, dem größten Obstanbaugebiet Österreichs. Mit seinen riesigen Liege- und Spielwiesen ist der 40 ha große See besonders beliebt bei Familien. In unmittelbarer Nähe befindet sich ★ *Schloss Herberstein* mit seinen schönen Arkadenhöfen und historischen Gärten, zu dem auch ein Tierpark gehört *(März, April, Okt., Nov. 10–16, Mai–Sept. tgl. 9–17 Uhr | Eintritt 13 Euro | www.herberstein.co.at)*. Besuchen sollten Sie auch das nahe *Apfeldorf Puch*. Es ist das Zentrum der Apfelstraße, die vor allem im Frühjahr zur Blüte spektakulär ist. *Informationen beim Tourismusverband Apfelland | Tel. 03176/88 82 | www.apfelland.info*

> KONTRASTE AUS HOLZ UND EISEN

Wo sich die Flüsse Mur und Mürz treffen, lebt das Land vom Bergbau – und ist dennoch vielerorts nahezu unberührt

> Die Mürz kommt aus dem Osten und fließt bei Bruck in die aus dem Westen kommende Mur. So teilen die beiden Flüsse die Steiermark auf ihrer ganzen Länge und schaffen ein liebliches Tal.

Für zwei Dinge sind das Mur- und das Mürztal gleichermaßen bekannt: für den unglaublichen Waldreichtum an den voralpinen Hängen und für die gigantischen Industrien, die sich im Einzugsgebiet der Erzberge und anderer Bergwerke angesiedelt haben. Beides ist eng miteinander verknüpft: Gäbe es hier nicht so viel Energie in Form von Wald und Wasser, hätte sich die Erzverarbeitung woanders angesiedelt. Lassen Sie sich davon aber nicht abschrecken. Im Gegensatz zu anderen Industriegebieten ist die Natur in den Tälern noch wunderbar intakt. In der Nachbarschaft der Eisen- und Stahlwerke finden Sie eine Landschaft mit saftigen Wiesen und sauberen Flüssen.

Bild: Bruck an der Mur

MUR- & MÜRZTAL

LEOBEN

[114 B4] **Wo die Mur eine Schleife macht, liegt Leoben. Die zweitgrößte Stadt der Steiermark (25 000 Ew.) ist seit dem Mittelalter ein Zentrum der Eisen- und Schwerindustrie.** Viele Betriebe verarbeiten bis heute Eisen und Stahl – doch macht Leoben deshalb nicht den Eindruck einer Industriemetropole. Im Gegenteil: Die Stadt liegt eingebettet zwischen dichten Wäldern, ihre Altstadt ist wunderbar erhalten. Leobens Architektur entführt bis ins Mittelalter, und über die Zeit des Barock und der Belle Époque zurück in die Moderne. Zeitgenössische Akzente setzen die Kunsthalle und das studentische Treiben in den Straßen.

SEHENSWERTES

ALTSTADT ★

Der *Schwammerlturm* ist das einzig erhaltene Stadttor. Der Name bezieht sich auf die pilzförmige Haube des Turms, den sie nach einem Erdbeben 1794 erhielt. Eine schnurgerade Straße führt am Turm und am Stadttheater vorbei zum beeindruckenden *Marktplatz*. Kunstgeschichtlich interessant sind die *Pestsäule* (1717), der *Engelsbrunnen* (1794) und der *Bergmannsbrunnen* (1799), der einen Bergknappen in maximilianischer Tracht darstellt. Von den Häusern am Hauptplatz verdient speziell das *Hacklhaus* (Nr. 9) mit seinen prachtvollen Barockverzierungen Beachtung.

Schaurig-schön: Die Pestsäule in Leoben dient der Erinnerung

GÖSS

Im südlichen Stadtteil Göss steht die Kirche des ehemaligen *Stifts Göss*, des ältesten österreichischen Benediktinerinnenklosters. Das Stift wurde um 1000 gegründet und 1782 aufgehoben. Eine frühromanische Krypta, die Bischofskapelle mit bedeutenden frühgotischen Fresken (13. Jh.) und wunderbare Steinmetzarbeiten lohnen die Besichtigung. *Tgl. 11.30–17 Uhr*

Die Nonnen des Klosters pflegten schon 1459 die Kunst des Bierbrauens, und so scheint es nicht verwunderlich, dass sich auf dem Gelände heute die Brauerei Gösser befindet. Im *Brauereimuseum* können Sie sich in die Materie vertiefen. *April bis Okt. Sa, So 10–18 Uhr | Eintritt 4 Euro | Brauhausgasse 1 | www.goesser.at*

KUNSTHALLE UND MUSEUMSCENTER

Im Museumscenter ist die Industriegeschichte der Stadt und der Region unter dem Titel „Schienen in die Vergangenheit" spektakulär und innovativ aufbereitet. In der angeschlossenen Kunsthalle findet jedes Jahr eine große ethnologische Ausstellung statt, die bundesweit berühmt ist und zu der Gäste aus ganz Österreich anreisen. Der Museumskomplex ist zum Teil im alten Jesuitenkloster, zum Teil in einem modernen Anbau untergebracht. *Tgl. 9–18 Uhr | Kombikarte Kunsthalle und Museumscenter 12 Euro | Kirchengasse 6 | www.leoben.at*

ESSEN & TRINKEN

GASTHOF DREI RABEN

Feiner steirischer Dorfwirt, der traditionelle Gerichte modern zubereitet und anrichtet. Bekannt in der ganzen Stadt für seinen sagenhaften Weinkeller. Als echter Gasthof haben die Drei Raben auch Zimmer *(€€). Tgl. | Im Tal 17 (Donawitz) | Tel. 03842/213 34 | www.3raben.com | €€*

EINKAUFEN

LEOBEN CITY SHOPPING – LCS

Im ehemaligen Dominikanerkloster am Kopf des Hauptplatzes ist heute eine moderne Einkaufsmall untergebracht. *www.leobencityshopping.at*

ÜBERNACHTEN

GASTHOF ZUM GREIF

Die Gästezimmer im alten Wirtshaus (auch vorzügliche Küche) sind sehr gemütlich. Der Gasthof hat gefühlte Vier-Sterne-Qualität – von außen sieht man das dem Haus allerdings nicht an. *13 Zi. | Waasenstr. 5 | Tel. 03842/21 4 86 | www.zum-greif.at | €€*

FREIZEIT & SPORT

ASIA-SPA

Schicker Wellnesstempel im Stadtzentrum, der Asien in die Steiermark holt. Außen ist das Spa im Stil der chinesischen Mingdynastie gestaltet, innen bietet es alles, was ein Freizeitbad braucht, darunter mehrere Pools, Sole- und Lotosblütenbecken sowie eine sensationelle Saunawelt. Im Haus arbeiten auch Therapeuten für TCM – Traditionelle Chinesische Medizin. Direkter Zugang vom *Stadthotel Falkensteiner (www.falkensteiner.com | €€€). In der Au 3 | Tel. 03842/245 00 | www.asiaspa.at*

AM ABEND

NOBELBEISL HABAKUK

Ein Beisl ist ein Wirtshaus oder auch eine Kneipe. Das Wort „nobel" bezieht sich weniger auf das Aussehen

MARCO POLO HIGHLIGHTS

★ **Altstadt Leoben**
Mittelalterliche Bergwerksstadt, aufgepeppt mit moderner Architektur (Seite 69)

★ **Abenteuer Erzberg**
Erst geht es in die Stollen hinunter, dann mit dem Truck über die Erzberge: ein Riesenspaß für alle (Seite 73)

★ **Semmeringbahn**
Unesco-Weltkulturerbe: Unterwegs mit der ersten Gebirgsbahn der Welt (Seite 75)

★ **Mariazell**
Die wichtigste Wallfahrtskirche Österreichs und seiner ehemaligen Kronländer (Seite 76)

des Lokals als vielmehr darauf, dass man hier besonderen Wert auf gute Weine, Zigarren und Kaffeespezialitäten legt. Mit schönem Gastgarten. *Tgl. | Kirchplatz 2*

Bei den Besuchern der Steirischen Eisenstraße schwer beliebt: eine Tour mit dem Hauly

POST PUB & BAR ▸▸
Das biedermeierliche Interieur liegt im Trend: Die Post ist der Hotspot in Leoben. *Tgl. | Hauptplatz 15*

WEINLAUBE & VINOTHEK SCHWARZER HUND
Stadtheuriger im lauschigen Innenhof. *Okt.–April Mo–Sa, Mai–Sept. tgl. | Hauptplatz 11*

AUSKUNFT

TOURISMUSVERBAND LEOBEN
Peter-Tunner-Str. 2 | Leoben | Tel. 03842/48 14 80 | www.leoben.cc

ZIELE IN DER UMGEBUNG

BRUCK AN DER MUR [114 B4]
Die Stadt (13 200 Ew.) war schon im Mittelalter ein bedeutender Handelsplatz. Besonders sehenswert ist der riesige, schön restaurierte Hauptplatz mit dem *Kornmesserhaus,* einem spätgotischen Gebäude mit venezianischen Einflüssen. Gehen Sie hoch zum *Schlossberg,* dort haben Sie eine schöne Übersicht über die gesamte Altstadt. Nach dem Stadtbummel empfiehlt sich die Einkehr im *Baderhaus* an der Mur *(So geschl. | Schiffländ 15 | Tel. 03862/333 33 | www.baderhaus.at). 18 km entfernt*

STEIRISCHE EISENSTRASSE [114 A–B 3–4]
Ausgehend vom Erzberg durchdrang im Mittelalter die Eisen verarbeitende

Industrie die Täler bis hinunter ins Murtal und bis hinüber nach Nieder- und Oberösterreich. Die Steirische Eisenstraße erinnert an diese Zeiten: Sie führt von Leoben nach Gußwerk (Nähe Mariazell) – eine Strecke von rund 140 km. So bekommen Sie einen guten Einblick in die Vergangenheit.

Sehenswert ist gleich zu Anfang der Leobener Ortsteil *Donawitz*, der von den Werksanlagen der Voest-Alpine (eines der führenden Stahl verarbeitenden Unternehmen Europas) dominiert wird. Hier bekommen Sie außergewöhnliche Arbeiterwohnheimarchitektur und eine einzigartige Kirche im Industriestil aus den 1950ern *(Pfarrkirche zum hl. Josef)* zu sehen.

In *Vordernberg* (nach 18 km) geht es in der Geschichte der Eisenverarbeitung ein paar Jahrhunderte zurück. Hier stehen zerfallene Werke, Herrenhäuser und Wirtschaftsgebäude – die meisten informativ beschriftet. Im *Radwerk IV* können Sie den einzig erhaltenen und voll ausgestatteten Hochofen Europas besuchen *(Mai–Okt. Führungen 10 und 15 Uhr | Eintritt 12 Euro | www.radwerk-vordernberg.at)*.

In *Eisenerz* (nach 15 km) sind Sie im Ursprung der gigantischen Industrie, denn hier existieren Erzlagerstätten, in denen heute noch gefördert wird. Wie es ist, in die Grube zu fahren, erleben Sie am eigenen Leib bei einem Besuch im ★ *Abenteuer Erzberg*. Mit einem ehemaligen Mannschaftszug geht es ca. 1500 m tief ins Innere des Erzbergs. Dort können Sie durch aufgelassene Stollen wandern, eine nachgestellte Sprengung miterleben oder mit dem Hauly, einem 860 PS starken Schwerlastkraftwagen, über den Tagebau brettern *(Mai–Okt. tgl. 10–15 Uhr | Tickets ab 14 Euro | www.abenteuer-erzberg.at). 33 km entfernt*

STIFT SECKAU [113 F4]

Das ehemalige Augustiner-Chorherrenstift (1142) gilt als eines der Wahrzeichen der Steiermark. Auf einer

> BLOGS & PODCASTS

Gute Tagebücher und Files im Internet

> ***www.meinekleine.at*** – Die Kleine Zeitung ist die meistgelesene Zeitung in den Bundesländern Steiermark und Kärnten. Im Blogbereich der Onlineausgabe können die Leser über alles plaudern, was sie so bewegt.

> ***www.qype.com*** – Das Stadtmagazin im Internet setzt auf die Urteilsfähigkeit registrierter Mitglieder. Sie bewerten von Restaurants bis Tankstellen (fast) alles. Mittlerweile gibt es Einträge nicht nur für Graz, sondern für eine Reihe von weiteren steirischen Städten wie etwa Bruck an der Mur, Leoben oder Feldkirchen.

> ***http://steiermark.orf.at*** – Kultur, Politik, Wirtschaft oder Sport: Podcasts zu Themen, die die Steiermark gerade bewegen, aufbereitet vom ORF-Landesstudio Steiermark.

Für den Inhalt der Blogs & Podcasts übernimmt die MARCO POLO Redaktion keine Verantwortung.

Hochebene über dem Murtal bei Knittelfeld gelegen, ist das Stift bekannt für sein Gymnasium und berühmt für seine Basilika.

Die ursprünglich romanische Basilika wurde nach einem Brand mit einem Kreuzgewölbe versehen, das gegen Ende des 15. Jhs. zum spätgotischen Sternengewölbe umgestaltet wurde. Bemerkenswert ist die frühe Kreuzigungsgruppe im Chor: Maria und Johannes wurden um 1150, die Christusfigur um 1220 geschaffen. Der Innenhof ist eine der schönsten Renaissanceanlagen der Steiermark. Außen prägt eine frühbarocke Fassade das Stiftsgebäude. *(Führungen tgl. 11 und 14 Uhr | Eintritt 5 Euro | Tel. 03514/523 40 | www.abtei-seckau.at). 35 km entfernt*

WIPFELWANDERWEG RACHAU [114 A5]

Insider Tipp

Sind Sie schwindelfrei? Dann wandern Sie doch einmal auf Höhe der Baumwipfel und genießen Sie den Weitblick von dort droben. Das tun Sie natürlich bestens gesichert: Die 350 m lange Lärchenkonstruktion, die Sie in der Rachau (Region Gleinalm) bis auf 25 m Höhe bringt, ist äußerst massiv und solide gebaut *(9 Euro | Rachau 97 | Tel. 03512/445 99 | www.wipfelwanderweg.at). 34 km entfernt*

> LOW BUDGET

- In Leoben übernachten Sie am günstigsten im *Schulverein der Berg- und Hüttenschule,* Dusche und WC sind auf dem Gang. *Ca. 18 Euro p. P. | Max-Tendler-Strasse 3 | Tel. 3842/ 488 88 10 | www.htl-leoben.at*
- Günstig und gut essen Sie im umwerfend schönen Jugendstilsaal des *Werkshotels Donawitz (tgl. | Pestalozzistr. 92 | www.3goldenekugeln.at). Menüs ab 4 Euro*
- Mit der *Murtalcard (4 Tage für 28 Euro)* haben Sie gratis Eintritt in viele Museen und Freizeiteinrichtungen in den Bezirken Murau, Judenburg und Knittelfeld. *Erhältlich Mai–Sept. in allen Touristenbüros der Region.*
- Jugend- und Familiengästehäuser *(www.jufa.at)* gibt es in der ganzen Steiermark. Hier können Sie zum Teil sehr günstig und zudem außergewöhnlich schön wohnen.

MÜRZZUSCHLAG

[115 D2] **Das Städtchen (9100 Ew.) wirkt kleiner, als es tatsächlich ist. Das liegt wohl an seiner winzigen, wenn auch lebhaften Innenstadt.** Das Zentrum besteht im Wesentlichen aus dem Hauptplatz mit Häusern in knalligen Farben und dem Stadtplatz mit einem modernen Hotelkomplex. Umschlossen ist Mürzzuschlag von Bauernhöfen, Wiesen und Wäldern.

Die kleine Stadt ist der Hauptort des Mürztals und sommers wie winters ein beliebtes Urlaubsziel. Selbst Johannes Brahms war hier 1894 und 1895 zur Sommerfrische, er komponierte in dieser Zeit seine 4. Sinfonie. Hinweise auf Brahms und seine Musik finden sich überall in der Stadt.

SEHENSWERTES

AUSSTELLUNGSWELTEN

Vom Heimatdichter Peter Rosegger bis zu den Ursprüngen des Skilanglaufs: Gleich in fünf Museen und Ausstellungen präsentiert Mürzzu-

MUR- & MÜRZTAL

Eine der schönsten Renaissanceanlagen der Steiermark: Innenhof des Stifts Seckau

schlag seine Geschichte und Geschichten. Die weltweit umfangreichste Dokumentation zum Thema Schnee, Berg und Sport birgt das *Wintersportmuseum*. Sogar die Atmosphäre einer 100 Jahre alten Skihütte hat man hier wiederbelebt *(Di–So 10–18 Uhr | Eintritt 5 Euro | Wiener Str. 13)*. Der Sommerfrische des berühmten Komponisten wurde mit dem *Brahmsmuseum* ein Denkmal gesetzt. Mit Originalexponaten (Streicherflügel) und origineller Didaktik (Komponierspiel) beleuchtet die Schau den Menschen und Musiker *(Mai–Sept. tgl. 10–12 und 14–17, Okt.–April Do–So 10–12 und 14–16 Uhr | Eintritt 4 Euro | Wiener Str. 4)*. *www.ausstellungswelten.at*

ESSEN & TRINKEN

GASTHOF LENDL

Traditionell und bodenständig, sowohl in der Einrichtung als auch bei den Speisen. Viele Lebergerichte auf der Karte. Günstige Zimmer (€). *Mo geschl. | Grazer Str. 77 | Tel. 03852/22 26 | www.gasthoflendl.at* | €

ÜBERNACHTEN

HOTEL-RESTAURANT WINKLER

Der Platzhirsch direkt am Stadtplatz wurde vor Kurzem umgebaut und präsentiert sich heute lifestylig. Auch im Restaurant hat man gelüftet: das Interieur und die Speisekarte. *28 Zi. | Stadtplatz 3 | Tel. 03852/420 00 | www.hotel-winkler.at* | €€

FREIZEIT & SPORT

SEMMERINGBAHN ★

Über 150 Jahre ist die Semmeringbahn alt. 1854 wurde sie nach sechsjähriger Bauzeit als erste Gebirgsbahn Europas eröffnet. Ihre 41 km lange Strecke führt von Gloggnitz nach Mürzzuschlag und muss dazu den Semmering überwinden – jenen Gebirgspass, der Niederösterreich von der Steiermark trennt. Die Bahn durchquert auf ihrer Fahrt 14 Tunnel, passiert 16 teilweise zweistöckige Viadukte und überwindet Steigungen von bis zu 25 Prozent: eine meisterliche Ingenieursleistung, die 1998 mit dem Weltkulturerbetitel der Unesco gewürdigt wurde.

Eine Fahrt mit der Semmeringbahn ist heute noch möglich. Sie führt durch eine faszinierende Landschaft und vorbei an prachtvollen Villen und zahlreichen historischen Gebäuden wie dem Schloss Gloggnitz. Alternativ dazu können Sie die Strecke aber auch zu Fuß erkunden. Dazu fahren Sie mit der Bahn von Mürzzuschlag *(mehrmals tgl. | Fahrtdauer knapp 20 Min.)* bis zum Bahnhof Semmering auf 896 m und wandern von dort zurück. Der *Bahnwanderweg (17,2 km | 4–5 Stunden Gehzeit)* führt Sie gemütlich und meist bergab nach Mürzzuschlag, Panoramaausblicke auf die Landschaft und Bahnstrecke inklusive. *www.semmeringbahn.at*

Mariazell: Ziel von Pilgern und Touristen

AUSKUNFT

TOURISMUSVERBAND MÜRZZUSCHLAG

Wiener Str. 9 | Mürzzuschlag | Tel. 03852/33 99 | www.muerzzuschlag.at

ZIELE IN DER UMGEBUNG

MARIAZELL ★ [114 C1]

Am Anfang (1157) stand eine kleine Zelle, die ein Benediktinermönch seiner geliebten Marienstatue zum Dank für ein Wunder gebaut hatte – daher auch der Name. Zum Pilgerziel aber wurde Mariazell, als Kaiser Ferdinand III. die Gottesmutter im Jahr 1647 zur Patronin Österreichs ausrief und Mariazell zur Hauswallfahrt der Habsburger und zum Reichsheiligtum ernannte. Damals wurde die Kirche modernisiert und erhielt ihr heutiges Erscheinungsbild mit den beiden barocken Türmen zu Seiten des gotischen Mittelturms *(www.basilika-mariazell.at)*.

Mariazell ist der wichtigste Wallfahrtsort in Österreich, die Pilger kommen auch aus allen Himmelsrichtungen zu Fuß. In der Gnadenkapelle ist die kleine hölzerne Marienstatue untergebracht, die mit einem Prachtgewand bekleidet ist und in der Volksfrömmigkeit eine große Rolle spielt. Im Ort rund um die Basilika (1660 Ew.) können Sie sich mit Met, Bitterlikör, Lebkuchen, Wachskerzen und Holzschnitzereien eindecken. *50 km entfernt*

POGUSCH [114 C3]

Der Pogusch ist ein niedriger Pass auf dem Weg von St. Lorenzen im Mürztal nach Turnau. Hier hat das bekannte Wiener Restaurant Steirereck seine Dependance in einem unglaublich romantischen Landgasthaus. Das Essen ist mindestens so gut wie im Original. Unbedingt reservieren! *(Wirtshaus am Pogusch | Mo–Mi geschl. | Tel. 03863/20 00 | €€).*

Vor der Einkehr sollten Sie jedoch die leichte Wandertour auf dem *Bründlweg* machen *(10 km | 3,5 Std.)*, die vortrefflich ausgeschildert ist. Die Aussichten sind berückend, egal ob ins Murtal oder zum Hochschwab. Falls Sie über Nacht bleiben mögen: In ausgesuchten Herbergen *(www.romantikzimmer.at)* schlafen Sie wie anno dazumal mit Himmelbett und Kamin. *37 km entfernt*

STIFT NEUBERG [115 D2]

Kunstkenner bezeichnen die Abtei als früheste einheitliche Hallenanlage innerhalb der österreichischen Gotik. Die Kunstwerke im Inneren stammen jedoch aus späteren Zeiten. So wurde z. B. die berühmte *Neuberger Madonna* im Barock gefertigt, der Hochaltar stammt aus der Renaissance. Mit seinem Kreuzgang, dem Kapitelsaal und der Stiftergruft ist das Stift ein beeindruckender Bau und ein Ort, der zutiefst berührt. *12 km entfernt*

WALDHEIMAT [115 D3]

In seinem autobiografischen Buch „Waldheimat" erzählt der steirische Heimatdichter Peter Rosegger (1843 bis 1918) die Geschichte seiner Kindheit als armer Waldbauernsohn. Schauplatz der Handlung ist eine zurückgezogene Region in den Fischbacher Alpen, der das Buch ein Denkmal setzt. In *Alpl*, wo Roseggers Geburtshaus und Schule stehen *(April–Okt. Di–So 9–17, Nov.–März 11–16 Uhr | Eintritt je 2 Euro)*, ist es heute noch einsam wie zu Zeiten des dichtenden Bauernsohns. 1877 zog es Rosegger in seine Waldheimat zurück: Nach Aufenthalten im Ausland ließ er für sich und seine Familie ein Haus in *Krieglach* bauen, das heute ein Museum ist *(Roseggerstr. 44 | Öffnungszeiten und Preise wie oben). 20 km entfernt*

MURAU

[112 C5] **Wildromantisch am Ufer der rauschenden Mur erhebt sich das kleine Städtchen (2200 Ew.) an der Kreuzung mittelalterlicher Handelswege.** Einst so bedeutend, liegt es heute in einer Art Dornröschenschlaf. Hier können Sie historische Marktplätze ohne einschnürende Neubauringe entdecken.

SEHENSWERTES

ALTSTADT

Gleich zwei ausladende Plätze sind die Wahrzeichen der Stadt: Am *Hauptplatz* (auch Schillerplatz genannt) fällt ein Ensemble von drei Häusern auf, die um 1600 gebaut wurden. Über die schier endlose *Anna-Neumann-Straße*, ebenfalls gesäumt von vielen historischen Bauten, von denen einige erfreulicherweise beschriftet sind, gelangen Sie zum lang gestreckten *Raffaltplatz*. An dessen Ende finden Sie das Fabrikgelände der Brauerei Murau mit dem *Braumuseum (Führungen Mai–Juni sowie Okt. Fr 15–17, Juli–Sept. Mi und Fr 15–17 Uhr | Treffpunkt vor der Brauerei am Raffaltplatz | Tel. 03532/32 66 58)*. Auf der anderen Seite der Mur ist mit dem *Friesachertor* eines der sieben Stadttore (14. Jh.) erhalten. Vom diesem rechten Murufer haben Sie einen guten Blick auf die Altstadt und die Reste der Stadtmauer.

SCHLOSS MURAU

Das Renaissanceschloss (17. Jh.) wurde an der Stelle der früheren Burg Murau gebaut. Die Anlage liegt exponiert auf einem Berg. Besonders sehenswert sind die Kapelle mit gotischen Fenstern im Mittelteil des Osttrakts, der Eisen-, Katzen- und Rittersaal sowie das alte Verlies der Burg. *Führungen Juni–Sept. Mi, Fr 14 Uhr | 3 Euro | Treffpunkt Innenhof des Schlosses | Tel. 03532/23 02 58*

ESSEN & TRINKEN

GASTHOF BÄRENWIRT

Gemütlicher Gasthof mit Zimmern *(€)* im Herzen der Altstadt. Terrasse mit Blick ins Grüne, steirische Traditionsküche, darunter auch einige vegetarische Spezialitäten. *Tgl. (in der Nebensaison Sa geschl.) | Schwarzenbergstr. 4 | Tel. 03532/20 79* | €

ÜBERNACHTEN

HOTEL GASTHOF LERCHER

Stilvolles Haus in der Altstadt, seit 1704 als Hotel geführt. Die Zimmer sind großzügig, die Küche im Abendrestaurant *Lerchers Panorama* auf höchstem Niveau. Zum Hotel gehört ein Wellnessbereich. *50 Zi. | Schwarzenbergstr. 10 | Tel. 03532/24 31 | www.lercher.com* | €€

FREIZEIT & SPORT

FREIBAD MURAU

Insider Tipp

Im Naturteich mit Sprungbrett, Badeinsel und Wasserrutsche können Sie

Ein Kloster in den Bergen: Stift St. Lambrecht liegt auf 1072 m Meereshöhe

wunderbar baden. *Juni–Aug.* | *Eintritt 2,50 Euro* | *Tel. 03532/447 77*

AM ABEND

OPEN SPACE ▶▶

Scheinbar frei schwebend streckt sich die Cafélounge dem Wasser entgegen. 12 m weit und 9 m hoch ragt die Terrasse über die Murpromenade. Der spektakuläre Ausbau des eher bodenständigen *Gasthofs Moser* ist innen mit viel Holz gestaltet und in schlichtem Weiß gehalten – und der Treffpunkt der Stadt. *Tgl.* | *Schillerplatz 2* | *Tel. 03532/22 11* | *www.openspacemurau.at*

AUSKUNFT

TOURISMUSVERBAND MURAU-KREISCHBERG

Am Bahnhof 5 | *St. Georgen ob Murau* | *Tel. 03537/36 00* | *www.murau-kreischberg.at*

ZIELE IN DER UMGEBUNG

HOLZMUSEUM ST. RUPRECHT [112 B5]

Ein schöner Tagesausflug führt mit der Murtalbahn nach St. Ruprecht *(mehrmals tgl.* | *ca. 20 Min.),* wo Sie zunächst das *Museum* besuchen *(April–Okt. tgl. 10–16 Uhr* | *6 Euro)* und danach im *Holzkistl-Shop* daneben schöne Souvenirs einkaufen können. Anschließend schwingen Sie sich aufs Rad, das Sie von Murau mitgenommen haben *(Intersport Pintar* | *Bundesstr. 7a* | *Tagesmiete 10 Euro),* und fahren gemütlich am Murradweg wieder zurück. *12 km entfernt*

KRAKAU [112 B–C4]

Rumpelige Straßen und wuchtige Gehöfte, deren Stall, Scheune und Wohnhaus noch in alter Bauweise aus Stein und Holz errichtet sind; dahinter Berge, die über die Waldgrenze hinaus reichen: Die Krakau ist eine jener Regionen, in denen die Zeit stehen geblieben zu sein scheint. Sie können hier wunderbare Wanderungen unternehmen, Gipfeltouren auf die 2000er der Umgebung oder gemütliche Spaziergänge zu diversen Seen. Als Erstes sollten Sie aber den *Stigenwirth* besuchen. Denn hier können Sie nicht nur vortrefflich essen, sondern auch im Rahmen einer Orientierungswanderung lernen, sich am Berg besser zurechtzufinden *(Krakauebene* | *Tel. 03535/82 70* | *www.stigenwirth.at* | *€€). 44 km entfernt*

STIFT ST. LAMBRECHT [113 D5]

Im Naturpark Zirbitzkogel-Grebenzen finden Sie die über 900 Jahre alte Benediktinerabtei *St. Lambrecht.* Errichtet wurde das Kloster im 11. Jh., die Weihe der heute gotischen Stiftskirche erfolgte 1421. Im Rahmen von Führungen können Sie das Stiftsmuseum mit seinen kunsthistorischen und volkskundlichen Sammlungen besichtigen *(Führungen Mitte Mai bis Mitte Okt. Mo–Sa 10.45 und 14.30, So 14.30, Winterführungen Di, Sa 10.45 Uhr* | *7 Euro* | *Treffpunkt Stiftstor/Klosterpforte* | *Tel. 03585/23 05 29* | *www.stift-stlambrecht.at).*

Anschließend fahren Sie weiter nach Mariahof. Das dortige *Vivarium (tgl. 9–21 Uhr* | *Eintritt ab 7,50 Euro* | *Stadlob 500* | *Mariahof* | *www.vivarium.at)* ist ein innovatives und aufregendes multimediales Ausstellungs- und Aquariumszentrum zum Thema Wasser, Regenwaldbesuch inklusive. Badehose nicht vergessen! *10 bzw. 20 km entfernt*

> MAJESTÄTISCHE BERGWELT

Unter schneebedeckten Gipfeln leben alte Traditionen fort: Das Alpenvolk pflegt seine Trachten und Volksmusik

> Wild rauschende Wasser stürzen ins Tal. Hinein in die Alpenwelt mit ihren Tannenwäldern und klaren Seen. Weiter oben ragen Felswände in den tiefblauen Himmel. Selbst im Sommer sind ihre Gipfel noch von Schnee bedeckt. Und in weiter Ferne erhebt sich das Dachsteinmassiv über die Landschaft.

Je weiter in den Nordwesten Sie kommen, desto wilder, schroffer und steiler wird die Steiermark. Ihre dramatischsten Landschaften heißen Dachstein, Schladminger Tauern, Totes Gebirge und Ennstaler Alpen. Am besten, Sie erkunden die Gegend zu Fuß oder mit dem Rad – und genießen so die herbe Schönheit der Natur.

Bild: Ennstal bei Admont

AUSSEERLAND

[112 A–B 1–2] **Schon Sigmund Freud und Hugo von Hofmannsthal waren von den Bergwiesen und Seen des Ausseerlandes so begeistert, dass sie immer wieder-**

ALPINE STEIERMARK

kamen. Ab Mitte des 19. Jhs. lebte der steirische Teil des Salzkammerguts zunehmend vom Flair der Sommerfrische, der zunächst Künstler und Intellektuelle anzog. Heute kommen auch Familien und immer noch mancher Künstler, der in der Alpenabgeschiedenheit Inspiration sucht.

Die Menschen der Region sind sehr traditionsverbunden. Tracht wird gerne getragen und das Brauchtum gefeiert. Schließlich hat man der Vergangenheit einiges zu verdanken: Denn lange vor den Touristen war es das Salz, das der Region zu Wohlstand verhalf. In Bergwerken zwischen Bad Aussee, Altaussee oder Grundlsee wurde das weiße Gold jahrhundertelang abgebaut.

SEHENSWERTES

ALTAUSSEE ★

In Altaussee stehen schmucke Villen. Die kleine Gemeinde (1900 Ew.) ist

Hier lässt sichs gut sein: Von Altaussee geht der Blick weit ins Salzkammergut

die Heimat vieler Literaten. Der Ort und der gleichnamige See liegen am Fuß des Sandlings, des ergiebigsten Salzbergs Österreichs. Der Berg war die wirtschaftliche Grundlage der Region seit dem 12. Jh. und während des Zweiten Weltkriegs ein Versteck für wertvolle Kunstschätze. Bei einer zweistündigen Führung durch die Stollen erzählt man Ihnen die Geschichte, wie die Kunst, von der salzhaltigen Luft gut konserviert, der Zerstörung durch die Wehrmacht entkam. Warme Kleidung einpacken, im Berg ist es kalt! *April–Mai und Mitte Sept.–Okt. tgl. zweistdl. 9–15, Juni stdl. 9–15, Juli–Mitte Sept. stdl. 9–16 Uhr, Sonderführung ganzjährig Mi 19 Uhr | 14 Euro | Lichtersberg 25 | www.salzwelten.at*

Um das Ufer des Altausseer Sees führt der Themenweg *Literatour*, der an 14 Stationen an große heimische Dichter und Denker wie etwa Friedrich Torberg oder Theodor Herzl erinnert *(ab/bis Literaturmuseum | ca. 1,5 Std.)*. Der See selbst ist klar und lädt zum Baden ein.

BAD AUSSEE

Die Kurstadt (4900 Ew.) ist das wirtschaftliche und kulturelle Zentrum des Ausseerlandes. Der Ort liegt idyllisch im Tal der Traun, eingebettet zwischen Totem Gebirge und Dachstein. Wenn im späten Frühjahr die Narzissen blühen, versinkt die Region in einer weißen Blütenpracht.

Die alte Bergwerksstadt verdankt ihre Entwicklung den reichen Salzvorkommen. Zur Verwaltung der Salinen baute man am Chlumeckyplatz 1 das sehenswerte Salzamt, auch *Kammerhof* genannt. Hier ist heute das Stadtmuseum beheimatet. Neben den vielen alten Häusern im Zentrum verdienen vor allem die romanische *Pfarrkirche St. Paul* (im gotischen Stil erweitert) sowie die innen wie außen rein gotische *Spitals-*

kirche Beachtung. Nach dem Kulturrundgang ein Muss ist die Einkehr in der *Kurkonditorei Lewandowsky-Temmel (tgl. | Kurhausplatz 14).*

ESSEN & TRINKEN

Insider Tipp

BLAA-ALM

Der Gasthof mit Übernachtungsmöglichkeit *(€€)* liegt schon fast im Wald und ist gerade noch mit dem Auto zu erreichen. Sehr zu empfehlen ist der Wildteller, das Fleisch stammt aus der eigenen Jagd. Serviert wird auf der Sonnenterrasse oder im rustikal-modernen Stüberl. *Tgl. | Lichtersberg 73 | Altaussee | Tel. 03622/711 02 | www.blaa-alm.co.at* | €€

RESTAURANT GRIMMINGWURZN

Preisgekröntes Traditionslokal in Bad Mitterndorf. Die Wirtsleute sind bodenständig geblieben – bei den Speisen und den Preisen. *Di, Mi geschl. | Tel. 03623/31 32 | www.grimmingwurzn.com* | €€

EINKAUFEN

SEIDENHANDDRUCKE SEPP WACH

Im schnuckeligen Holzhaus werden die Stoffe im Obergeschoss von Hand bedruckt, unten können Sie im Verkaufsraum aus verschiedenen Tüchern, Schals und Schürzen wählen. *Bahnhofstr. 108 | Bad Aussee*

TRACHTENSCHMUCK

Insider Tipp

Den passenden Schmuck zum Dirndl finden Sie in der Goldschmiede Steiner. Wer trotz der großen Auswahl nicht fündig wird, kann sich ein Schmuckstück nach eigenen Wünschen herstellen lassen. *Bahnhofstr. 103 | Bad Aussee | Tel. 03622/524 16*

ÜBERNACHTEN

SEEVILLA

In bester Lage am Ufer des Altausseer Sees liegt die erstklassige Villa. Die komfortablen Zimmer haben alle Balkone und einen herrlichen Ausblick auf den See. *51 Zi. | Fischerndorf 60 | Altaussee | Tel. 03622/713 02 | www.seevilla.at* | €€€

VILLA KRISTINA

Insider Tipp

Eine dieser wunderbaren Villen, bei deren Anblick man sich sofort ins Ausseerland verliebt. Schöner Badeteich, romantischer Garten, Wohnzimmergemütlichkeit im Salon und auf den Zimmern. *11 Zi. | | Altausseerstr. 54 | Bad Aussee | Tel. 03622/520 17 | www.villakristina.at* | €€

FREIZEIT & SPORT

3-SEEN-TOUR ★

Start dieser romantischen Tour ist die Anlegestelle Seeklause-Seehotel am Grundlsee. Hier nehmen Sie das

MARCO POLO HIGHLIGHTS

★ Altaussee
Das alte Bergwerksdorf wurde zur Heimat von Literaten (Seite 81)

★ Stift Admont
Barocke Stiftsbibliothek mit 70000 alten Büchern (Seite 86)

★ 3-Seen-Tour
Drei unterschiedliche Seen sind zu einer romantischen Tour vereint (Seite 83)

★ Dachstein
Steilwände und Gletscherfelder hautnah erleben (Seite 91)

Schiff und lassen sich über den größten See des Ausseerlandes bis zu seinem nördlichen Ende schippern. An der Anlegestelle in Gössl gehen Sie weiter zu Fuß; in gut 20 Minuten sind Sie am Toplitzsee, dem dunklen, geheimnisvollen Bergsee. Ein Motorboot bringt Sie von dort ans andere Ufer, wo Sie nach fünf Gehminuten am nahezu unberührten Kammersee stehen, der als Ursprung des Flusses Traun gilt.

Nach der Rückfahrt mit dem Motorboot kehren Sie am Toplitzsee in der Fischerhütte ein und genießen einen Seesaibling *(Mi geschl.)*. Nach dem Spaziergang zurück an den Grundlsee können Sie in Gössl das nächste Schiff zum Ausgangspunkt zurück nehmen. Oder Sie breiten Ihr Badetuch auf eine Wiese aus und fahren etwas später zurück. *Mai–Okt. Abfahrt Grundlsee tgl. 10.30, 11.45, 13.35, 14.45 Uhr nach Gössl, Plätten am Toplitzsee je nach Bedarf | Dauer ca. 3 Std. (ohne Einkehr bzw. Badeunterbrechung) | komplette Tour 18 Euro | www.3-seen-tour.at*

Insider Tipp

BADEN

Alle Naturseen sind frei zugänglich. Die größten Liegeflächen hat der *Grundlsee*, vor allem am Gösslufer. Am *Ödensee* und *Altausseer See* finden Sie, wenn Sie zu Fuß gehen, kleine Kieselsteinbuchten mit Wasserzugang. Am *Sommersberger See (Eintritt 1 Euro)* lädt eine große Liegewiese zur Entspannung.

GRIMMINGTHERME

Der neueste Wellnesstempel der Steiermark wurde Ende 2009 eröffnet. Er bietet zwei Innen- und zwei Außenbereiche, neun Saunen, einen Beachvolleyballplatz und einen Beauty-Bereich. *Tgl. 9–22 Uhr | Tageskarte mit Sauna 24 Euro | Hauptstr. 58a | Bad Mitterndorf | www.grimming-therme.com*

> DER TOPLITZSEE

Goldschatz gesucht, Kronkorken gefunden

Der von steilen Felswänden eingefasste Toplitzsee ist aufgrund seiner Tiefe von über 100 m schon lange sagenumwoben. Wild wurden die Spekulationen nach dem Zweiten Weltkrieg, als einheimische Augenzeugen von Dutzenden im See versenkter Kisten berichteten. Gerüchte wurden laut, es könnte sich um Kriegsbeute sowie die letzten Goldreserven des Dritten Reichs handeln. Sogar vom berühmten Bernsteinzimmer war die Rede. Das rief Glücksritter auf den Plan, von denen so mancher seine Suche nach Reichtum mit dem Leben bezahlte. Bei professionellen Tauchexpeditionen wurden Waffen und Bomben aus der Kriegszeit gefunden, außerdem jede Menge gefälschte Pfundnoten, mit denen die Nazis den englischen Geldmarkt überschwemmen wollten. Bei der letzten genehmigten Expedition 2000 wurde dann tatsächlich eine Blechkiste geborgen. Doch statt des erhofften Goldschatzes fanden sich darin nur Bierflaschenkapseln und abgenagte Knochen. Offenbar wollten da ein paar Einheimische die Schatzsucher an der Nase herumführen.

AM ABEND

SALZHAUS

Treffpunkt der Jugend von Bad Ischl bis ins Ennstal. *Mi–Sa ab 17 Uhr | Sießreithstr. 165 | Bad Aussee | www.salzhaus.com*

AUSKUNFT

TOURISMUSVERBAND AUSSEERLAND-SALZKAMMERGUT

Bahnhofstr. 132 | Bad Aussee | Tel. 03622/54 04 00 | www.ausseerland.at

Wo Jodler und Steirer zu Hause sind: In der alpinen Steiermark lebt die Volksmusik weiter

VOLKSMUSIK

Wer Jodler, Landler und Steirer schätzt, darf sich freuen: Im Ausseerland trifft er auf Menschen, die die alten Klänge bis heute pflegen. Am schönsten zu erleben bei den Volksmusikabenden dienstags auf der Blaa-Alm *(Altaussee | www.blaa-alm.co.at)*, mittwochs auf der Eselalm *(Bad Mitterndorf | www.eselalm.at)* und donnerstags auf der Knödlalm *(Koppen 3 | Pichl-Kainisch | www.urig.at)*. Touristen sind gerne gesehen, aber in erster Linie spielt man für sich und die anderen Ausseer auf.

ZIEL IN DER UMGEBUNG

HALLSTÄTTER SEE [112 A2]

Still und dunkel liegt der Hallstätter See da, an dessen Ufer Menschen schon vor Jahrtausenden siedelten. Urige Fischerhäuser und die Nordwände des Dachsteins, die sich im Wasser spiegeln, geben ihm seinen unverwechselbaren Charakter. Das am See gelegene Örtchen *Hallstatt* (1500 Ew.) selbst sieht aus wie einer Heimatfilmkulisse entsprungen.

Seit mehr als 4000 Jahren wird rund um den See Salz abgebaut, wie Ausgrabungen belegen. Aufgrund der reichhaltigen prähistorischen Fundstätten und der einzigartigen Natur hat die Unesco Hallstatt zum Weltkulturerbe erklärt. Einen Eindruck der kulturhistorischen Bedeutung der Region bekommen Sie, wenn Sie von Hallstatt aus mit der Seilbahn zum Salzberg fahren. Von dessen Bergstation führt ein kurzer Fußweg – vorbei an einem prähistorischen Gräberfeld – zum ältesten *Salzbergwerk* der Welt *(Führungen April bis 12. Sept. tgl. 9.30–16.30, 13. Sept. bis 3. Okt. bis 15.30, 4.–26. Okt. bis 15 Uhr | Auffahrt und Eintritt 24 Euro | www.salzwelten.at). 17 km entfernt*

NATIONALPARK GESÄUSE

[113 E2] „Eine Sinfonie aus Fels und Wasser" wird das Gesäuse auch genannt: Wo sich die Enns im Lauf der Jahrmillionen mit ihren schäumenden Wassermassen tief ins Kalksteingebirge eingegraben hat, ist ein hochalpines Durchbruchstal mit bis zu 1800 m aufragenden Steilwänden entstanden. Das Donnern und Sausen, mit dem sich der Fluss auf 16 km Länge seinen Weg durch den Kalkalpenstock gesucht hat, gab der Region ihren Namen: Gesäuse. Oder wie es im hiesigen Dialekt heißt: Xeis. 2002 wurde das Herzstück dieses Gebirgsjuwels zum Nationalpark erklärt. Die gesamte Alpenregion Gesäuse umfasst neben dem eigentlichen Nationalpark noch 13 Anrainergemeinden, darunter Admont, Hall oder St. Gallen, wo die Wasser auch ganz schön wild fließen.

>LOW BUDGET

- Mit der *Schladming-Dachstein-Sommercard*, die Sie gratis erhalten, wenn Sie bei einem Gastgeber der Region nächtigen, fallen viele Sonderausgaben weg: Fahrten mit den Bergbahnen, Museumseintritte, Benützung von Mautstraßen, Bäder etc. sind dann kostenlos.
- Urlaub auf dem Bauernhof: Es gibt sehr nette Angebote, die ab 19 Euro pro Person und Tag inkl. Frühstück kosten. Jede Region verschickt Gastgeberverzeichnisse.

SEHENSWERTES

PALFAUER WASSERLOCHKLAMM

Eine leicht begehbare Steiganlage mit stabilen Holztreppen und Hängebrücken führt durch die 900 m lange Klamm. Mit ihren schmalen Canyons, felsigen Hohlbecken und fünf Wasserfällen zählt die Wasserlochklamm zu den berauschendsten Naturschauspielen Österreichs. Festes Schuhwerk mitbringen! *Tgl. Mitte April–Mitte Okt. | Eintritt 4 Euro | www.wasserloch.at*

STIFT ADMONT ★

Das Benediktinerstift im kleinen Ort Admont (2700 Ew.) ist das älteste bestehende Kloster der Steiermark. Seine spätbarocke Bibliothek (1776) wird wegen ihrer Schönheit von manchen ehrfürchtig als „achtes Weltwunder" bezeichnet. Bemerkenswert ist der 70 m lange Büchersaal mit seinen 13 m hohen Decken. Wer hinaufblickt, entdeckt opulente Freskenmalereien aus dem 18. Jh. Wer in die Regale schaut, sieht nichts als Bücher: 70000 Bände sind ausgestellt, der Gesamtbestand aber beträgt 200 000 Bände, darunter mittelalterliche Handschriften und frühe Drucke. Zum Kloster gehören ein *Kunst-* und ein *Naturhistorisches Museum* sowie eine *Stiftspräsentation. April bis Okt. tgl. 10–17 Uhr, Nov.–März auf Anfrage | Eintritt 9 Euro | Tel. 03613/231 20 | www.stiftadmont.at*

Barocker Wissensspeicher: die prächtig dekorierte Bibliothek von Stift Admont

WALLFAHRTSKIRCHE FRAUENBERG

Der Legende zufolge schwemmte ein Hochwasser der Enns 1402 eine Marienstatue an den Fuß des Berges Kulm. Von dort brachte man sie nach Admont, wo sie auf wundersame Weise verschwand und auf dem Gipfel des Kulms wiedergefunden wurde. Schon bald ließ der damalige Abt dort oben eine Kapelle und eine erste Steinkirche errichten. Der Frauenberg entwickelte sich zu einem der bedeutendsten Wallfahrtsorte der Steiermark. Die heutige Kirche wurde 1683 gebaut, besondere Bewunderung verdienen die Deckenausgestaltung sowie der Gnadenaltar. Sehr schön sind auch die Kalvarienberganlage sowie der japanische Meditationsgarten. *Frauenberg 1 | Ardning*

ESSEN & TRINKEN

GASTHAUS ZUM HARMONIKA WALDI

Günstige Jausenangebote, Brote, Sulzen oder Schafskäse mit Blattsalat. Kleiner, netter Gastgarten. *Mi geschl. | Wandau 9 | Hieflau | Tel. 03634/247 | www.xeiswaldi.at* | €

GASTHAUS ZUR ENNSBRÜCKE
Eines der beliebtesten Wirtshäuser der ganzen Region. *Di geschl. | Hall 300 | Hall bei Admont | Tel. 03613/22 91 | www.pirafelner.at* | €€

ÜBERNACHTEN

GASTHOF STIEGENWIRT
Allzu verwöhnt mit guten Hotels ist das Gesäuse nicht. Eine für hiesige Verhältnisse herausragende Wellnessoase ist der Stiegenwirt. *14 Zi. | Palfau 159 | Palfau | Tel. 03638/219 | www.stiegenwirt.at* | €

Insider Tipp **SCHLOSS RÖTHELSTEIN**
Wo sich früher die Äbte des Stifts Admont ihrer Sommerruhe hingaben, kann man auch heute noch gut entspannen. Das Barockschloss bietet einen wunderbaren Garten, und das Frühstück im Arkadensaal und die individuell eingerichteten Zimmer heben sich wohltuend vom sonstigen Hoteleinerlei ab. *39 Zi. | Aigen 32 | Admont | Tel. 03613/261 96 | www.schloss-roethelstein.at* | €€

FREIZEIT & SPORT

BERGSPORT
Der Nationalpark Gesäuse ist gut mit MTB-Strecken und Wanderwegen sowie zahlreichen Kletterrouten und -steigen erschlossen. Outdooragenturen organisieren für Sie Bergsport, Kajak-, Rafting- und Canyoningtouren, z. B. *Absolute Outdoors (Friedau 1a | Liezen | Tel. 03612/253 43 | www.rafting.at); Best Adventure Company (Hauptplatz 96 | Pruggern | Tel. 03685/222 45 | www.bac.at); Deep Roots Adventures (Palfau 157 | Palfau | Tel. 0664/144 87 63 | www.deeproots.at).*

AUSKUNFT

TOURISMUSVERBAND ALPENREGION NATIONALPARK GESÄUSE
Hauptstr. 35 | Admont | Tel. 03613/211 60

SCHLADMING

[112 A3] Das einstige Bergbaustädtchen (4400 Ew.) zwischen Dachsteingebirge und Niederen Tauern ist heute einer der bekanntesten Wintersportorte in Österreich. Das merkt man auch im Sommer: Zwar liegt dann kein Schnee auf dem Hausberg, der Planai, doch es ist unverkennbar eine Abfahrtspiste, die da mitten im Ort endet. In den Auslagen der zahlreichen Sportgeschäfte liegt Bergsteigerausrüstung, darüber die Aufschrift „Rent-a-Ski". Junge Menschen aus ganz Europa jobben hier in den Pizzerien, Gasthäusern und Shops und geben dem Ort eine junge, trendige Atmosphäre.

SEHENSWERTES

BRUDERLADEHAUS
1661 errichtet, beherbergte das denkmalgeschützte Haus lange Zeit die Bruderlade, eine frühe Form der berufsständischen Sozialfürsorge. Kranke, alte und arbeitsunfähige Bergleute sowie deren Angehörigen wurden hier medizinisch und sozial betreut. Heute ist in dem Baudenkmal das *Schladminger Stadtmuseum* untergebracht. *Di–Fr 10–12 und 13–17, Sa, So 11–14 Uhr | 2,50 Euro | Talbachgasse 110*

STADTRUNDGANG
Die Altstadt ist klein und überschaubar. Die interessantesten Gebäude – wie das *Schladminger Stadttor* mit

dem eingemeißelten Datum der Stadtgründung (1322) und die beiden *Stadtkirchen* – liegen dicht beieinander. Am unteren Hauptplatz erinnert das *Bauernkriegsdenkmal* an die wilden Kämpfe der Reformation und die Bauernaufstände anno 1525.

ESSEN & TRINKEN

MARIAS MEXICAN

Gute Laune bei Enchiladas und Mojitos: Zwischen mexikanischer Küche und Cocktails trifft sich junges und feierfreudiges Publikum. *So–Di geschl. | Steirergasse 3 | Tel. 03687/228 21 | www.mariasmexican.at* | €€

POSTHOTEL SCHLADMING

Traditionelle Küche, ergänzt um ein paar ausgefallene Kreationen. *Tgl. | Hauptplatz 10 | Tel. 03687/225 71 | www.posthotel-schladming.at* | €€

EINKAUFEN

LODEN STEINER

Der Loden stammt aus eigener Manufaktur. Im Geschäft am Schladminger Hauptplatz finden Sie außerdem bekannte Markenkollektionen, traditionelle Trachtenmode, Decken und Accessoires. *Hauptplatz 16 | www.loden-steiner.at*

ÜBERNACHTEN

AQI HOTEL SCHLADMING

Neu, jung, trendig, stylish und für die Lage und Ausstattung auch noch günstig. Direkt an der Liftstation. *107 Zi. | Coburgstr. 54 | Tel. 03687/235 36 | www.aqi-hotel.com* | €€

HOTEL PICHLMAYRGUT

Hoteldorf der gehobenen Klasse (7 km außerhalb von Schladming), das Tradition geschickt mit moder-

Früher Postkutschenstation, heute eine feine Adresse für Touristen: das Posthotel Schladming

nem Interieur kombiniert. Sensationell guter Wellnessbereich. *125 Zi. | Pichl bei Schladming | Tel. 06454/ 73 05 | www.pichlmayrgut.at | €€€*

FREIZEIT & SPORT

BERGSPORT

Der Schladminger Hausberg Planai (1906 m) bildet zusammen mit dem Hochwurzen (1850 m) und dem Hauser Kaibling (2015 m) das Ski- und Wandergebiet. Allein das Skigebiet direkt vor der Haustür umfasst vier Bergregionen und 167 Pistenkilometer *(www.4berge.at)*, Beschneiungsanlagen und der nahe Dachsteingletscher machen Wintersport bis weit nach Ostern möglich.

Im Sommer bringt Sie die Bergbahn bequem zu den Ausgangspunkten von Rundwanderwegen und anspruchsvolleren Bergtouren *(Tourvorschläge unter www.dachsteingletscher.at)*. Mountainbiker finden im Gebiet 930 ausgewiesene Strecken – und einen Adrenalinkick auf der Planai. Entlang der Seilbahntrasse ist eine Strecke allein für Mountainbiker abgesperrt: 4500 m downhill bis zur Talstation! Insider Tipp

AM ABEND

CULT CLUB SCHLADMING

Riesige Bars, schicke Loungebereiche und ein immens großer Dancefloor sind das Herz dieser Partylocation. *Do–Sa | Salzburgerstr. 20 | Tel. 0664/117 22 21 | www.cultclub.cc*

VOLKSMUSIK

Jeden Dienstag wird bei den Wirten in der Region musiziert. Wo was statt-

Am Gipfel: Das Dach der Steiermark ist der 2995 m hohe Dachstein

findet, erfahren Sie beim Tourismusbüro bzw. über die Gästeinfo im Hotel. Jeden Donnerstag gibt es außerdem Volksmusik direkt am Hauptplatz. *Juni–Sept.*

AUSKUNFT

TOURISMUSVERBAND SCHLADMING-ROHRMOOS

Rohrmoosstr. 234 | Schladming | Tel. 03687/233 10 | www.schladming.at

ZIELE IN DER UMGEBUNG

DACHSTEIN ★ [112 A2–3]

Mit seinen 2995 m ist der *Hohe Dachstein* der höchste Gipfel des gleichnamigen Massivs. Die verkarstete Bergkette ist ideal für lange Gebirgs- und Klettertouren, fordert aber einiges an alpinem Können: nichts für Anfänger! Wer die Alpen erleben will, ohne in der Vertikalen zu zittern: Allein die Auffahrt mit der Gletscherbahn entlang der nahezu senkrechten Südwand ist ein atemberaubendes Erlebnis. Frühaufsteher kommen mit der *Sonnenaufgangsgondel* *(Di, So Anfang Juli–Anfang Sept.)* herauf, nehmen im Strandkorb bei der Bergstation Platz und sehen zu, wie die Sonne den Schladminger Gletscher rosarot erstrahlen lässt. Dazu wird Ihnen Frühstück serviert *(Sommerbetrieb Seilbahn Mai–Ende Nov. tgl. 7.50–17.10 Uhr | Berg- und Talfahrt 29 Euro, Sonnenaufgangsgondel mit Frühstück: 42 Euro | Infos und Anmeldung: 03687/22 02 48 00).*

Wer schwindelfrei ist, wagt sich auf den *Dachstein Sky Walk* direkt neben der Bergstation: Die Aussichtsplattform *(Zutritt gratis)* ragt über die Kante des 250 m steil abfallenden Hunerkogels hinaus. Durch einen Glasboden können Sie in die Tiefe schauen und an klaren Tagen bis ins slowenische Triglavgebirge. Drei Gehminuten entfernt liegt der *Dachstein-Eispalast,* der ein Stück durch den Gletscher führt, mit der Möglichkeit, den Kopf in eine richtige Gletscherspalte zu stecken *(Ende Juni bis Mitte Sept. Di | Eintritt 7,50 Euro).*

Von der Bergstation aus gibt es die Möglichkeit einer (ungefährlichen) Gletscherwanderung zur *Dachsteinwarte (Seetaler Hütte).* Der Weg zur höchsten Schutzhütte des Dachsteingebirges (2734 m) ist gut präpariert *(1 Std. Gehzeit).*

NATURPARK SÖLKTÄLER [112 B3–4]

Am Rand der Schladming-Dachstein-Region liegt Sölktäler, einer der sieben steirischen Naturparks: eine Kulturlandschaft mit traditioneller Almwirtschaft und artenreicher Vegetation. Hier finden Gämsen, Steinadler und Murmeltiere geschützte Lebensräume. Das Naturparkhaus im Schloss Großsölk vermittelt die Besonderheiten der Region, ihrer Pflanzen, Tiere und Geologie *(Mai–Okt. Sa–Mo, Mi–Do 10–17 Uhr | Führung 15 Uhr | www.soelktaeler.at).*

Im Park gibt es mehrere Themenwege und Lehrpfade, etwa zur Eiszeit oder zur Forstwirtschaft. Sie können natürlich auch richtige Wanderungen unternehmen und z. B. den Schwarzensee umrunden, den größten Bergsee der Niederen Tauern *(Start Parkplatz Breitlahnhütte | ca. 3 Std. Gehzeit).* Unterwegs kommen Sie an der Harmeralm vorbei (bewirtschaftet Juni–Okt.), wo die Sennerin Ihnen selbst gemachten Steirerkas verkauft – unbedingt probieren! *27 km entfernt*

> HINAUS IN DIE NATUR

Traumtouren für jeden: gemütlich zwischen Weinbergen oder sportlich hinauf ins Hochalpine

Die Touren sind auf dem hinteren Umschlag und im Reiseatlas grün markiert

1 DURCHS IDYLLISCHE WEINLAND

Die Steirische Weinstraße liegt in der Südsteiermark und ist ein Netz aus Straßen, Pfaden und winzigen Wegen, das viel Raum für eigene Entdeckungen lässt. Die hier empfohlene Tour führt entlang der Südsteirischen Weinstraße und ist ca. 40 km lang. Planen Sie eine Übernachtung ein – es wollen viele Weine verkostet werden.

Bild: Südsteirische Weinstraße

Start dieser Tour über die älteste und bekannteste der steirischen Weinstraßen ist die Gemeinde **Spielfeld** an der Grenze zu Slowenien. Hinter der Autobahnabfahrt und gleich nach der Bahnquerung tauchen Sie erstmals ein in diese idyllische Landschaft, die so exzellente Weine hervorbringt. Der Weg folgt dem Grenzverlauf zwischen Österreich und Slowenien. Zwischen **Graßnitzberg** und **Langegg** tun sich sensationelle Aussichten über

AUSFLÜGE & TOUREN

Hügellandschaften auf, die nicht sanft, sondern zackig den Horizont begrenzen.

Den ersten Zwischenstopp auf dieser Tour erreichen Sie nach rund 14 km in **Glanz an der Weinstraße** beim Weingut und Gasthof Mahorko, wo Sie die Wanderschuhe schnüren: Von hier aus führt eine kulinarische Weinbergwanderung *(6 km | ca. 2 Std. Gehzeit)* zu den schönsten Plätzen zwischen Weingärten, Kürbisfeldern und Kastanienbäumen. Start und Ziel ist jeweils der **Gasthof Mahorko** *(tgl. | Tel. 03454/70 90 | www.mahorko.at)*, wo Sie sich anschließend mit gegrilltem Zander stärken können – falls Sie nicht schon unterwegs eingekehrt sind, z. B. auf einen köstlichen Strudel in die ausgezeichnete Buschenschank **Germuth**, die auf halbem Wanderweg liegt *(Mo, Di geschl.)*.

Zurück im Auto, verlassen Sie die Weinstraße und fahren über Maletschenberg und Zollamt nach Langegg. Nun ist es nicht mehr weit zum traditionsreichen **Insider Tipp** *Weingut Tscheppe am Pößnitzberg*, wo Sie auch modern und stylish übernachten können *(40 Zi./Suiten | Pössnitz 168 | Leutschach | Tel. 03454/205 | www.tscheppe.com | €€€)*. Die Tscheppes zählen zu den Spitzenwinzern der Südsteiermark: Weine, die Sie hier kaufen, können Sie selbstverständlich zuvor verkosten. Nur wenige Schritte vom Hotel entfernt beschließen Sie den Tag stilvoll im zum Hotel gehörigen Gourmetrestaurant **Kreuzwirt** *(Di, Mi geschl. | €€€)*.

Am nächsten Tag nehmen Sie sich Zeit für das ausgezeichnete Frühstück und fahren weiter zum Winzer **Sabathi**, der mit sensationeller Weinkellerarchitektur begeistert *(Mo–Fr 10–12 und 13–17, So 10–12 Uhr | Pössnitz 48 | Leutschach | www.sabathi.com)*. Anschließend sollten Sie in **Leutschach** bei **Insider Tipp** *Tom am Kochen* einkehren: Der Namensgeber des Restaurants, Thomas Riederer, hat sich der Avantgarde- und Molekularküche verschrieben. Gekocht wird mit regionalen Produkten *(So, Mo geschl. | Arnfelser Str. 2 | Leutschach | Tel. 03454/700 99 | www.trac.at | €€€)*.

Von Leutschach aus führt der Weg zurück auf der Südsteirischen Weinstraße, der Sie nun ca. 11 km bis **Gamlitz** folgen. Nehmen Sie sich Zeit, die Aussichten und einladende Buschenschänken zu genießen. Als Abschluss der Tour besuchen Sie noch das **Weinbaumuseum** im Schloss Gamlitz *(tgl. 9–21 Uhr | Eintritt 2,50 Euro | www.melcher.at)*.

Eine begleitende Karte „Wege zum Wein" erhalten Sie in allen örtlichen Infobüros sowie vorab bei Steiermark Tourismus *(Tel. 0316/400 30 | www.steiermark.com)*. Meiden Sie bei Ihrer Planung nach Möglichkeit die Herbstwochenenden, die extrem stark frequentiert sind.

2 WANDERUNG AM HOCHSCHWAB

Der Hochschwab ist ein Plateaugebirge mit weiten Hochflächen, der höchste Gipfel des Massivs liegt auf 2277 m. Seltene Orchideen und Wiesenblumen, Gämsen, Murmeltiere und Steinböcke sind in dem Gebiet beheimatet und Tiersichtungen nahezu garantiert. Die konditionell sehr anspruchsvolle, technisch aber einfache Zweitagestour führt über eine Strecke von 36 km. Wanderausrüstung, Regenschutz, Schlafsack, Wasserflasche und Karte gehören unbedingt ins Gepäck.

Die Wegstrecke am Hochschwab führt über den Gipfel an die Südseite des Massivs mit ihren imposanten Wänden. Die Tour ist keine Runde, das Auto bleibt daher in Mariazell. Von dort bringt Sie der Postbus nach **Wildalpen**, wo die Wanderung beginnt.

Nach einem sanften Anstieg auf der Forststraße führt ein steiler und mühsamer Pfad im Zickzack zu einem Sattel in einer ansonsten abweisenden Felswand. Von dieser Hochfläche an verläuft der Weg deutlich flacher. Nach ca. 4 Std. Aufstieg erreichen Sie die bewirtschaftete **Sonnschienhütte** auf 1526 m. Die Sektionshütte des Österreichischen Alpenvereins bietet auch Übernachtungsmöglichkeiten *(geöffnet Mitte Mai–Mitte Sept. und Mitte bis Ende Okt., im Winter nur Sa und So | Tel. 0664/511 24 74)*. Weiter geht es auf dem markierten Weg ein Stück abwärts zum *Sackwiesensee*, in dem Sie ein erfrischendes Bad nehmen können. Von dort ist es nur mehr ein kurzer Anstieg zur **Häuslalm** (1526 m), wo Sie ebenfalls ein Bett für die Nacht finden *(oft nur am Wochenende bewirtschaftet | Tel. 0664/950 33 52)*.

Nach einem Bergfrühstück auf der Sonnenterrasse brechen Sie auf zum Gipfelsturm. Über ein einsames Tal aus Latschenkiefern und Felsen geht es ins Gebiet jenseits der Baumgrenze hinauf. Der Weg ist nicht steil, dafür aber lang (ca. 4 Std.). Gämsen, Murmeltiere und mit etwas Glück auch Steinböcke kreuzen Ihren Weg. Der Panoramablick am **Hochschwab** ist überwältigend.

Nach dem Gipfelsturm empfiehlt sich eine Stärkung im nahe gelegenen **Schiestlhaus**, das auch architektonisch ein Hingucker ist: Die Schutzhütte (2156 m) ist als hochalpines Passivhaus konzipiert, gebaut aus Beton, Lärchenholz und viel Glas, ökologisch bewirtschaftet mit Solarenergie und Regenwassernutzung *(geöffnet Ende Mai–Ende Okt. | Tel. 0699/ 10 81 21 99 | www.schiestlhaus.at)*.

Der Abstieg ins Tal ist steinig und oft auch steil, er führt durchs eingetrocknete Tal der Oberen Dullwitz. Zurückblickend türmt sich der Hochschwab in seiner ganzen Größe vor Ihnen auf. Unterwegs laden noch zwei Hütten zur Rast ein, bevor Sie bei **Seewiesen** aus dem Wald treten. Von hier fährt der Postbus zurück nach Mariazell *(Tel. 0810/22 23 33 | www.postbus.at)*. Eine empfehlenswerte Wanderkarte bietet Kompass *(Karte 212, Hochschwab, Mariazell, Eisenwurzen)* im Maßstab 1:50 000. Hier sind auch weitere Touren, auch für Radler, verzeichnet.

Rucksack geschultert und Schuhe geschnürt: Es geht auf den Hochschwab hinauf

EIN TAG IN UND UM GRAZ

Action pur und einmalige Erlebnisse.
Gehen Sie auf Tour mit unserem Szene-Scout

MIT STIL IN DEN TAG

9:00

Die *Café Bar Orange* beweist, dass Graz nicht nur steirisch, sondern auch sehr stylish sein kann. Auf der gemütlichen Terrasse genießen Feinschmecker ihr Frühstück zwischen Palmen in mediterranem Flair. **WO?** *Elisabethstr. 30 | Tel. 0316/32 74 29 | www.cafe-bar-orange.at*

10:00

HINTER DEN KULISSEN

Wer wissen will, wie es hinter den Kulissen einer Oper aussieht, ist hier richtig. Bei einer Führung durch das *Opernhaus* zeigt ein Guide u. a. das Kulissenlager, die Umkleiden und die Maske. Highlight: der Blick von der Bühne. **WO?** *Kaiser-Josef-Platz 10, Treffpunkt: Portier Opernhaus | Anmeldung unter Tel. 0316/80 08 11 09 | Kosten: 3,50 Euro | www.oper-graz.com*

STEIRISCHES PICKNICK

13:00

Delikatessen Frankowitsch bietet Besuchern ein ganz besonderes Schmankerl: Auf Bestellung lassen sich Feinschmecker einen Picknickkorb mit regionalen Leckereien zusammenstellen und begeben sich damit in den Grazer Augarten. Wer Glück hat, trifft hier die Slackliner der Stadt und bekommt eine Sondervorstellung. **WO?** *Stempfergasse 2–4 | Vorbestellung 1 Tag im Voraus unter Tel. 0316/822 21 20 | Kosten: 79,90 Euro inkl. Korb (ohne 40 Euro) | www.frankowitsch.at | Mo–Sa | Augarten, zwischen Grazbachgasse und Schönaugürtel*

14:00

VOGELFREI

Nach der Schlemmerei tut etwas Sport gut. Zunächst geht's im Kletterpark mitten in der Stadt in luftige Höhen. Dann ist Action angesagt: die Sicherungsgurte anlegen, festhalten und los geht's! Mit dem *Flying Fox* sausen Mutige an einer Stahlseilkonstruktion durch den Wald rund um den Grazer Hilmteich. **WO?** *Kletterpark Graz-Hilmteich, Hilmteichstr. 110 | Tel. 0664/528 48 84 | Kosten: 19 Euro | www.kletterpark.at | April–Sept.*

24h

STEIRISCHER APERITIF

17:00

Dunkelbraun mit einem grünlichen Touch und leicht zähflüssig: Für die Spezialität Kürbiskernöl ist die Steiermark berühmt. Also auf zur *Vinofaktur!* Hier werden fünf verschiedene Kernölsorten verkostet und von einem Profi erklärt. **WO?** *Belgiergasse 1 | Anmeldung unter Tel. 0316/76 70 70 | Kosten: 4 Euro, mind. 4 Pers. | www.vinofaktur-graz.at*

18:30

DINNER

Die Kernölverkostung hat Lust auf mehr gemacht? Gut, denn nebenan im Restaurant *Der Steirer* geht es steirisch deftig weiter. Wie wär's z. B. mit Backhendl in typischer Panade? Perfekt zum Durchprobieren: die steirischen Tapas. **WO?** *Belgiergasse 1 | Tel. 0316/70 36 54 | www.der-steirer.at*

GHOSTWALK

20:00

Ein gruseliger Geselle in schwarzem Umhang und Hut schleicht im Licht seiner Laterne durch die Gassen von Graz. Der Geisterjäger Josef Tschida kennt die unheimlichen Geschichten hinter den schönen Fassaden. Zusammen mit ihm geht es zu den Schauplätzen schauriger Begebenheiten. **WO?** *Treffpunkt: Neutorgasse | Anmeldung unter Tel. 0664/181 25 73 | Kosten 10 Euro | www.ghostwalk.at | Do–Sa*

22:00

NIGHTLIFE IM BERMUDADREIECK

Von der gruseligen Mission erholen sich Nachtschwärmer im Grazer Bermudadreieck. Keine Angst, das hat nichts mit Geistergeschichten und verschwundenen Schiffen zu tun, sondern ist das Amüsierviertel der Stadt. Hier reihen sich Bars und Clubs aneinander. Am besten erst auf der Dachterrasse der *M1 Bar* eine Übersicht verschaffen, dann im Nachtexpress rocken! **WO?** *Café Bar M1 | Färberplatz 1 | www.m1-bar.at | Tel. 0316/81 24 54*

> DAS LAND HAUTNAH ERLEBEN

Die Steiermark mit ihren schroffen Bergen, rauschenden Flüssen und weiten Tälern ist eine einzige große Sportarena

> Im Sommer zu Fuß, auf dem Rad oder auf dem Pferderücken, im Winter auf Skiern, manchmal aus der Luft – so kommen Sie der Steiermark wirklich nahe. Die Landschaften hier sind sehr abwechslungsreich und so sind auch die Möglichkeiten, sich sportlich zu betätigen, äußerst breit gestreut – von der gemütlichen Panoramawanderung über die Radeltour durchs Apfelblütenland bis zur Klettertour mit höchstem Schwierigkeitsgrad.

> www.marcopolo.de/steiermark

BERGSTEIGEN & KLETTERN

Bergsteigen im Dachsteinmassiv erfordert neben Trittsicherheit und Kondition auch einiges an alpiner Erfahrung: Eine Hochtour auf den *Hohen Dachstein* (2995 m) beinhaltet Klettertouren im zweiten Schwierigkeitsgrad und Gletscherquerungen. Wer gebietsunkundig ist, sollte einen Bergführer buchen. Renommiert ist die Bergschule *Laserer Alpin (Büro in*

SPORT & AKTIVITÄTEN

Gosau | Tel. 06136/88 35 | www.laserer-alpin.at), deren staatlich geprüfte Bergführer auch Grundkurse in Eis und Fels, Kletter- wie Klettersteigschulen und -touren anbieten.

Kletterertouren in allen Schwierigkeitsgraden finden sich in den schroffen Wänden des Dachsteins wie auch im ungezähmten Durchbruchstal der Enns, das heute als Nationalpark Gesäuse unter Schutz steht. Am Dachstein gibt es außerdem 14 Klettersteige. Einer der bekanntesten ist der *Johann-Klettersteig:* ein optimal angelegter Eisenweg über die glatten Wandfluchten der Südwand (Schwierigkeitsgrad C–D). Kommentierte Informationen zu steirischen Bergtouren, zu Kletterrouten und Klettersteigen unter *www.styria-alpin.at.*

CANYONING & RAFTING

Die steirische Salza ist der längste unverbaute, ganzjährig befahrbare

Fluss Mitteleuropas (55 km). Der smaragdgrüne Strom bietet sowohl Anfängern als auch Profis hervorragende Bedingungen. Ob Kajak, Kanu oder Rafting: Insider Tipp Zentrum der Wildwasserfahrer ist die kleine Gemeinde Wildalpen, wo Sie Boote ausleihen und Kurse absolvieren können, z. B. im *Sportcamp Wildalpen (Tel. 03636/204 | www.sportcamp.at)*.

Die Enns gilt ebenfalls als gutes Kajakrevier, allerdings gibt es keine organisierte Infrastruktur, im Fokus liegen Rafting und Canyoning. Ein breites Angebot finden Sie beim alteingesessenen Veranstalter *Absolute Outdoors,* der ein Camp in Johnsbach im Nationalpark Gesäuse betreibt *(Tel. 03612/253 43 | www.rafting.at)*.

GOLF

In der Steiermark gibt es 24 Golfplätze. Traditionsreich ist der 1963 gegründete *Golfclub Murhof.* Der Platz mit Abschlägen zwischen riesigen alten Bäumen zählt zu den Topanlagen Europas *(www.murhof.at)*. Ein einmaliges Flair bietet der *Golfclub Frauenthal* rund um das gleichnamige Renaissanceschloss. Die ersten neun Löcher sind im Schlosspark zwischen Eichen, exotischen Tulpenbäumen und Teichbiotopen platziert *(www.gcfrauenthal.at)*, die weitere Strecke liegt zwischen Hügeln und Mischwald. Bewusst steirisch gibt man sich im *Golfclub Mariahof* – beim Lederhosenturnier wird in Tracht gespielt. Der Club in der Naturparkregion Zirbitzkogel bietet auch Platzreifekurse für 99 Euro *(www.golf-mariahof.at)*. Die Steiermark-Golfcard verschafft günstige Zutritte zu allen Clubs, z. B. drei Greenfees zu 155 Euro oder fünf Greenfees zu 250 Euro: *www.steiermark.com/golf.*

RADFAHREN

Es gibt viele Radwege entlang der steirischen Flüsse – allen voran den *Murradweg:* Er bietet auf seiner Länge von 365 km einen famosen Querschnitt durchs Land, von den hochalpinen Lagen der Tauern bis in die sonnigen Weiten des Thermenlandes. Am schönsten ist er im oberen Teil, wo er durch ein weites, sattgrünes Tal führt, flankiert von wuchtigen Bergen. An einem Tag schaffen Sie locker die Strecke von Tamsweg (in Salzburg) über Murau nach Unzmarkt (60 km). Weitere Radwege folgen den Flussläufen von Mürz, Enns, Raab und Feistritz. Sie alle sind auch als Tour mit Übernachtung und Gepäckstransfer buchbar: *Steiermark Touristik | Tel. 0316/400 34 50 | www.steiermark-touristik.com*. Darüber hinaus gibt es zahlreiche gemütliche Radel-Genusstouren. Sie führen meist durch die sanften Landschaften in der Süd- und Oststeiermark und folgen den Themen Wein und Kernöl *(www.steiermark.com/rad)*.

Dicht gewoben ist das Netz der Mountainbikerouten. Der Klassiker ist die *Alpentour Austria,* und zwar auf ihrer Urstrecke: Sie verläuft entlang des Alpenhauptkamms von Ramsau bis nach Mürzzuschlag. Auf 362 km werden 8108 Höhenmeter überwunden. Infos und GPS-Daten: *www.alpentour-austria.info*.

WANDERN

Kaum treten Sie in der Steiermark vor die Tür, sind Sie schon auf einem

Wanderweg. Im Nationalpark Gesäuse beispielsweise sind neun Schutzhütten, gut zwanzig 2000er und zahlreiche Almen durch ein weitläufiges Netzwerk aus gut markierten Wanderwegen verbunden. Tipp für Einsteiger: eine zweitägige Tour mit Übernachtung auf der Ennstaler Hütte (auch für Kinder geeignet). Die Wanderung führt vom Ausgangspunkt Großreifling am Tag 1 hinauf zur Ennstaler Hütte (4 Std.), am Tag 2 folgt der Aufstieg auf den Tamischbachturm (1,5 Std.). Der anschließende Abstieg (2,5 Std.) verläuft über den Jägersteig nach Gstatterboden. Mehr Tipps für Hüttenwanderungen im Folder der Nationalparkregion Gesäuse *(www.alpenregion.cc)*.

Ein alpiner Klassiker ist der *Schladminger Tauern-Höhenweg*. Er ist der anstrengendste und schönste unter den steirischen Weitwanderwegen, ausgelegt auf sieben Tagesetappen mit durchschnittlich je 7 Std. Gehzeit. Die meisten Bergsteiger wählen eine abgekürzte Variante, die nur fünf Tage dauert (Start: Hochwurzen Bergstation, Ende: Preinthaler Hütte/Bergstation Planai oder Hauser Kaibling). Ein Faltblatt mit Wegbeschreibung und Karte erhalten Sie vom *Tourismusmarketing Schladming-Dachstein | Tel. 03687/233 10 | www.schladming-dachstein.at*

Eine riesige Auswahl an Tourentipps finden Sie auch unter *www.steiermark.com/wandern,* unterteilt nach verschiedenen Kriterien wie familienfreundlich oder hochalpin.

WINTERSPORT

Fast 90 Skigebiete liegen in der Steiermark, und die meisten davon sind klein, überschaubar und familiär. Ein hervorragendes Wintersportzentrum ist die *4-Berge-Skischaukel* rund um Schladming mit 223 Pistenkilometern, über 100 Seilbahnen, Sessel- und Schleppliften sowie 87 Skihütten. Hier werden auch Weltcuprennen ausgetragen *(www.schladming-dachstein.at)*. Eine Topadresse für Snowboarder ist der *Kreischberg*. *Insider Tipp* Hier steht u. a. die größte Halfpipe Europas *(www.kreischberg.at)*. Die Ramsau wiederum ist das nordische Zentrum Österreichs. Für Langläufer wird hier auf einer Höhe von 1100 bis 2700 m ein Netz von 150 Loipenkilometern gespurt, außerdem gibt es gute Bedingungen zum Schneeschuhwandern und auch geführte Touren *(www.ramsau.com)*.

Das Skigebiet rund um Schladming bietet beste Bedingungen für Wintersportler

> IM WASSER UND ZU LANDE

Stadtkinder staunen, wie viel Spaß und Abwechslung ihnen die steirische Natur zu bieten hat

> Das grüne Herz der Steiermark schlägt auch für Kinder. Die Landschaft bietet viel Freiraum für Entdeckungen. Immer ist da ein See, ein Bauernhof – oder einfach eine Wiese zum Toben.

Wanderungen führen über besennte Almen, wo das Vieh gemütlich auf der Weide steht, Radtouren begleiten fischreiche Flüsse, auf speziellen Parcours geht es den Berg hinauf – und mit der Sommerrodelbahn saust die ganze Familie wieder hinunter.

> www.marcopolo.de/steiermark

GRAZ UND UMGEBUNG

FRIDA & FRED [U D5–6]

Das Grazer Kindermuseum bietet Ausstellungen, Atelier- und Theaterprogramme, die speziell für Kinder konzipiert sind. Das Anfassen der gezeigten Objekte ist ausdrücklich erwünscht. Besonders geeignet für Drei- bis Zwölfjährige. *Friedrichgasse 34 | Mo, Mi, Do 9–17, Fr 9–19, Sa, So 10–17 Uhr | Eintritt 4,50 Euro, Kinder 2 Euro | www.fridaundfred.at*

MIT KINDERN UNTERWEGS

WEINLAND

MAISLABYRINTH [116 C4]

Jeden Sommer wird im Bezirk Leibnitz ein Maisgarten angelegt. Auf einer Fläche von rund vier Fußballfeldern können sich Groß und Klein im hohen Mais verirren – mit oder ohne Picknickkorb. *Erlebnisbauernhof Kürbis-König | Schrötten 2 | Hengsberg bei Wildon | Mai bis Okt. tgl. 10–18 Uhr | Eintritt 5 Euro, Kinder 3 Euro | www.maislabyrinth.at*

WEG DER WANDLUNGEN [116 A5]

Hören, tasten, sehen, riechen: Auf dem 2 km langen Rundweg bei Soboth gibt es Tastpfade, eine Hängebrücke und Barfußwege für ein bewusstes Naturerleben. Höhepunkt der Tour ist die Riesenschaukel über einem Abgrund. Einen Begleitrucksack verleiht der Alpengasthof Messner (Ortsmitte). *Start und Information beim Jakobihaus | Soboth | April bis Okt. | Eintritt frei*

Insider Tipp

THERMENREGION

FEISTRITZTALBAHN [115 D4]

Mit der Dampflok geht es auf Nostalgiefahrt von Weiz nach Birkfeld. Die Brücken, Viadukte und Tunnel auf dieser Schmalspurstrecke begeistern Kinder wie Kindgebliebene. Radtransport möglich. *Ab Bahnhof Weiz | Mitte Juni–Mitte Okt., Fahrtage Mo, Do, Sa, So je nach Saison | Erwachsene ca. 4 Euro, Kinder ca. 2 Euro | www.feistritztalbahn.at*

STYRASSIC PARK [117 E4]

Auf einem 5 ha großen Waldstück stehen mehr als 75 Saurier, Mammuts, Säbelzahntiger etc. in Lebensgröße. Sie stellen die Geschichte der prähistorischen Tierwelt dar. Die Phantasie unterstützen simulierte Erdbeben und Vulkanausbrüche. Mit Baumhotel zum Übernachten! *März Sa, So 9–16, April bis Sept. tgl. 9–17, Okt. 9–16, Nov. bei Schönwetter Sa, So 10–15 Uhr | Eintritt 9,50 Euro, Kinder 6 Euro | Dinoplatz 1 | Bad Gleichenberg | www.styrassicpark.at*

TIERWELT SCHLOSS HERBERSTEIN [117 E1–2]

Tiere aus fünf Kontinenten sind im Garten von Schloss Herberstein zu bestaunen – neben Löwen und Emus auch alte Haustierrassen wie das Mangalitzaschwein oder das ungarische Zackelschaf. Forschercamps, Schatzsuchen und Zooolympiaden vermitteln spielerisch Wissen. *Buchberg 50 | Stubenberg am See | April tgl. 9–16, Mai–Okt. 9–17, Nov.–März nur Sa, So 10–16 Uhr | Eintritt 13 Euro, Kinder 4–7 Euro | www.tierwelt-herberstein.at*

MUR- UND MÜRZTAL

MÄRCHENWALD [113 E4]

Für die Kleinsten gibt es hier 130 Märchenfiguren und 30 Burgen, plus Wikingerschiff, Indianerdorf, Goldwaschbrunnen, Kletterturm, Butterfly-Schaukel, Piratendorf und vieles mehr. *Erlebnisgasthof Sonnenhof | St. Georgen ob Judenburg | Ostern bis Nov. tgl. 8.30–18.30 Uhr | Eintritt 7,50 Euro | www.maerchenwald.at*

Wild: Im Garten von Schloss Herberstein leben auch Geparden

SOMMERRODELBAHN GREBENZEN-ST. LAMBRECHT [113 D5]
Mit 1740 m die längste Sommerrodelbahn der Steiermark. Kurvenreiche Abfahrt, bis zu 40 km/h schnell. Bequemer Zugang mit der Vierersesselbahn. *Papstin 4 | St. Lambrecht | Mai–Sept. tgl. 10–17 Uhr | Rodelbahn 7 Euro plus Bergfahrt 4 Euro, Kinder 4,50 Euro plus Bergfahrt 2,50 Euro | www.grebenzen.at*

WILD- UND ERLEBNISPARK ELFENBERG MAUTERN [113 F3]
200 heimische Tiere sowie solche aus anderen Klimazonen (z. B. Yaks) sind hier auf 1100 m Meereshöhe artgerecht untergebracht. Eine Attraktion ist das größte Bärengehege Europas. Zum Park gehört ein moderner Erlebnispark mit Fahrgeschäften. Zum Abschluss des Ausflugs wartet noch die Sommerrodelbahn oder der Elfenbergflitzer – ein Bergroller – zur Abfahrt ins Tal. *Alpsteig 1 | Mautern | April–Okt. Mo–Fr 9–17, Sa, So 9–18 Uhr, Juli–Aug. jeweils eine Stunde länger geöffnet | Eintritt 14 Euro, Kinder 10 Euro | www.elfenberg.at*

ALPINE STEIERMARK

ABENTEUERPARK GRÖBMING [112 B3]
Fünf verschiedene Hochseilparcours in unterschiedlichen Schwierigkeitsgraden sind zu bewältigen. Die Strecken hängen in zwei bis 15 Metern Höhe zwischen den Bäumen. Mehr als 100 Elemente erfordern Klettern, Balancieren, Rutschen und Hangeln über unterschiedliche Brücken und Seilkonstruktionen. Mindestalter 6 Jahre oder Körpergröße 120 cm (sonst nur Miniparcours). *Stoderstr. 114 | Gröbming | Mai–Juni und Sept.–Okt. Mi–Fr 14–18, Sa, So 10–18, Juli–Aug. tgl. 10–19 Uhr | Eintritt 20 Euro, Kinder 12–15 Euro | www.abenteuerpark.at*

Luftig: Bis zu 15 m hoch ist der Gröbminger Hochseilparcours – und gut gesichert

WASSERSPIELPARK EISENWURZEN [113 E1]
Auf diesem Spielplatz haben alle Geräte etwas mit Wasser und Natur zu tun. Kinder können beispielsweise Gewässer stauen und fließen lassen, am Strömungstisch plantschen oder im Miniraftingboot paddeln. *Markt 35 | St. Gallen | Mai–Anfang Okt. tgl. 9–19 Uhr | Eintritt 9 Euro, Familienkarte 28 Euro | www.wasserspielpark.at*

> VON ANREISE BIS ZOLL

Urlaub von Anfang bis Ende: die wichtigsten Adressen und Informationen für Ihre Steiermark-Reise

ANREISE

AUTO

Reisende aus dem Westen fahren über München nach Salzburg und weiter auf der A1 zum Voralpenkreuz. Wer aus dem Norden kommt, erreicht dieses Autobahnkreuz über Nürnberg und Passau und die A8. Vom Voralpenkreuz weiter auf die A9, die bei Liezen die Steiermark erreicht und knapp vor Graz in die A2 mündet. Grenze Deutschland/Österreich–Alpine Steiermark/Gesäuse ca. 170km.

Autobahnen in Österreich sind mautpflichtig. Vignetten gibt es in Tabakläden, auf Postämtern und in grenznahen deutschen Tankstellen. Die Jahresvignette für PKW kostet 72,60 Euro, für zwei Monate 21,80 Euro, für zehn Tage 7,70 Euro. Auch für Motorräder besteht eine (reduzierte) Vignettenpflicht. Mautpflicht besteht zudem auf vielen Berg- und Panoramastraßen sowie auf einigen wichtigen Transitrouten.

BAHN

Täglich verkehren EC-Züge zwischen Frankfurt (1x), Stuttgart (1x), München (2x) und Graz. Wer aus Berlin, Hamburg oder Düsseldorf anreist, fährt mit dem Nachtzug nach Wien, steigt dort um und fährt weiter nach Graz. Von Zürich aus verkehrt ein Nachtzug direkt nach Graz. Von München aus dauert die Fahrt mit der Bahn sechs Stunden, von Berlin sind es elf Stunden. Informationen zu Nachtzügen erhalten Sie über das DB-Servicetelefon: *Tel. 01805/ 14 15 14* oder www.dbnachtzug.de. Zugauskunft in Österreich: *Tel. 051717* | www.oebb.at

FLUGZEUG

Direktverbindungen zum Flughafen Graz *(www.flughafen-graz.at)* ab Berlin, Düsseldorf, Frankfurt, Friedrichshafen, Innsbruck, Köln/Bonn, Linz, München, Nürnberg, Stuttgart, Wien, Zürich. Der Flug von Frankfurt nach Graz dauert 1,5 Std. Am Flughafen fährt der Schnellbus für 1,90 Euro zum Jakomini-Platz (25 Min. Fahrzeit). Die S5 bringt Sie in 11 Min. für 1,90 Euro zum Hauptbahnhof (alle 30 Min., Sa und So seltener). Ein Taxi zur Stadtmitte kostet ca. 18 Euro (20 Min. Fahrzeit).

AUSKUNFT

STEIERMARK TOURISMUS

St.-Peter-Hauptstr. 243 | 8042 Graz | Tel. 0316/400 30 | www.steiermark.com

GRAZ TOURISMUS (INKLUSIVE UMLAND)

Herrengasse 16 | 8010 Graz | Tel. 0316/807 50

ÖSTERREICH WERBUNG

www.austria.info | *Deutschland: Tel. 01802/10 18 18 (zum Ortstarif) | Schweiz: Tel. 0842/10 18 18*

AUTO

Das Tempolimit liegt auf Autobahnen bei 130, auf Bundesstraßen bei 100 und innerorts bei 50 km/h. Promillegrenze: 0,5. Es besteht Tragepflicht von Sicherheitswesten, sobald das Fahrzeug auf Autobahnen und Landstraßen verlassen wird. Winterreifenpflicht: 1. Nov. bis 15. April.
ÖAMTC-Pannenhilfe: *Tel. 120*
ARBÖ-Pannenhilfe: *Tel. 123*

WAS KOSTET WIE VIEL?

KAFFEE	**AB 2,20 EURO**	für eine Melange
WEIN	**AB 1,90 EURO**	für ein Viertel Schilcher
IMBISS	**1,80 EURO**	für eine Leberkäsesemmel am Stand
EINTRITT	**7 EURO**	für eine größere Sehenswürdigkeit
BAHNFAHRT	**11 EURO**	für die Strecke von Graz nach Bruck an der Mur
SEILBAHN	**10 EURO**	für eine Bergfahrt im Sommer

BUS

Zentrale österreichische Busauskunft: *Tel. 01/711 01*

In der Gesäuseregion bieten 16 Gemeinden das Xeismobil an. Fahrten eine Stunde vor Abfahrt telefonisch anmelden. Telefonnummern und Tarife unter: *www.xeismobil.at*.

CAMPING

In der Steiermark gibt es 53 Campingplätze, teils auch mit einfachen Bungalows. Wildes Campen ist verboten. Infos: *Österreichischer Campingclub (ÖCC) | Wien | Tel. 01/ 713 61 51* | *www.campingclub.at*

GESUNDHEIT

Auf der Rückseite der Krankenversicherungskarte befindet sich die Europäische Krankenversicherungskarte. Sollte sie von einem Arzt nicht akzeptiert werden, müssen Sie die Behandlungskosten bar bezahlen und die Rechnung bei Ihrer Krankenkasse einreichen.

Die Steiermark ist eines der Hauptverbreitungsgebiete von FSME übertragenden Zecken. Eine Ansteckung ist während der gesamten warmen Jahreszeit möglich. Vor der Reise sollten Sie mit einem Arzt eine mögliche Impfung besprechen.

INTERNET

Neben der allgemeinen Website *www.steiermark.com* bieten die Seiten der Landestourismusorganisationen gute Infomationen: *www.graztourismus.at* (Graz und Umland), *www.sws.st* (Weinland), *www.thermenland.at*, *www.oststeiermark.com*, *www.hochsteiermark.at*, *www.alpenregion.cc* (Nationalpark Gesäuse), *www.schladming-dachstein.at*, *www.ausseerland.at* sowie *www.murtal.at*.

Besondere Unterkünfte finden Sie unter *www.relax-guide.at* und *www.schlosshotels.co.at*. Steirische Weine und Weingüter sind unter *www.wein-der-steiermark.at* gelistet. Wetterinformationen liefert *wetter.orf.at/stm*. Und steirische Nachrichten bietet *www.kleinezeitung.at*.

INTERNETCAFÉS & WLAN

In Graz gibt es einige wenige Internetcafés (Tipp: *Speednet* am Hauptbahnhof, *Waveride* neben dem Kunst-

WETTER IN GRAZ

	Jan.	Feb.	März	April	Mai	Juni	Juli	Aug.	Sept.	Okt.	Nov.	Dez.
Tagestemperaturen in °C	1	4	9	15	19	23	25	24	20	14	7	2
Nachttemperaturen in °C	-5	-4	0	5	9	13	14	14	11	6	1	-2
Sonnenschein Std./Tag	3	4	5	6	7	7	8	8	6	5	3	2
Niederschlag Tage/Monat	6	6	6	8	11	11	11	10	8	8	7	6

haus). Öffentliche WLAN-Zonen sind in der Steiermark, vor allem außerhalb von Graz, dünn gesät (Tipp: Jugendgästehäuser aufsuchen). Die besseren Hotels bieten dagegen häufig WLAN (gratis) an.

KLIMA & REISEZEIT

Die Wintersaison (Skigebiete des Mur- und Mürztals sowie der Alpinen Steiermark) dauert von Dezember bis Ostern. Die Sommersaison geht von Mitte Mai bis Mitte Oktober, Wanderungen ins Hochgebirge sind zumeist von Juni bis September möglich. Am stabilsten ist das Wetter im Spätsommer und Frühherbst. Im milden Klima der Süd- und Oststeiermark dauert die Sommersaison von Ende März bis Anfang November.

MIETWAGEN

Anmietstationen gibt es am Grazer Flughafen sowie in der Grazer City. Wem ein kleines Auto genügt: Smarts und Minis können Sie am Bahnhof Graz bei City-Motion ab 18 Euro pro Tag mieten *(www.city-motion.at)*.

NOTRUF

Feuerwehr: *Tel. 122*
Polizei: *Tel. 133*
Rettungsdienst: *Tel. 144*
Ärztenotdienst: *Tel. 141*
Bergrettung: *Tel. 140*

ÖFFNUNGSZEITEN

Die Supermärkte sowie die Geschäfte in den Einkaufszentren sind in der Regel Mo–Sa von 8 bis 19 Uhr, spätestens bis 20 Uhr geöffnet. In den Stadtzentren schließen die Geschäfte meist bereits um 18 und samstags um 12 Uhr. Sonntags und an Feiertagen bleiben alle Geschäfte dicht, es gibt wenige Ausnahmen (z. B. Geschäfte an Flughäfen und Bahnhöfen, Souvenirshops).

POST

Das Porto für Standardbriefe bis 20 g beträgt EU-weit 65 Cent, weltweit kostet das Porto 1,40 Euro.

TELEFON & HANDY

Vorwahl nach Österreich: *0043;* nach Deutschland: *0049;* in die Schweiz: *0041.* Bei Anrufen aus dem Ausland entfällt die 0 der Ortsvorwahl. Das Handynetz in Österreich ist flächendeckend (Achtung: In den Bergen ist häufig kein Empfang und damit auch kein Notruf möglich). Seit 2009 gelten in der EU Obergrenzen für Roaminggebühren (43 Cent für aktive und 19 Cent für passive Telefonate, jeweils zzgl. Mehrwertsteuer). Dadurch unterscheiden sich die Roamingtarife nicht mehr nennenswert, Sie können die automatische Netzwahl beibehalten. Immer günstig sind SMS. Hohe Kosten verursacht die Mailbox: noch im Heimatland abschalten!

ZOLL

Innerhalb der EU dürfen Waren für den persönlichen Bedarf frei ein- und ausgeführt werden, z. B. 800 Zigaretten, 10 l Spirituosen und 90 l Wein bzw. Bier. Für Schweizer gelten niedrigere Freigrenzen, etwa 200 Zigaretten, 1 l Spirituosen, 2 l Wein oder Bier und Waren im Wert von 300 Franken. Grundsätzlich werden keine Zollkontrollen mehr durchgeführt, Stichproben sind jedoch möglich. Mehr unter *www.bmf.gv.at/zoll*.

Narzissenwiese bei Tauplitz

> UNTERWEGS IN DER STEIERMARK

Die Seiteneinteilung für den Reiseatlas finden Sie auf dem hinteren Umschlag dieses Reiseführers

REISE ATLAS

A
B
C
Langwies
153
145
Traun
Mitterweißenbach
Hohe Schrott
1839
110
158
Bad Ischl
Offensee
Almsee
Almtaler Haus
Lainbergtunnel
Vorderst
Hinterstoder
2515
2446
Oberös
Weißenbach
Totes Gebirge
Salzkammergut Bundesstr.
Goisern
Altausseer See
1863
Grundlsee
Gößl
Toplitzsee
Altaussee
Grundlsee
Wienern
2198
Auf der Au
Ramsau
9%
10%
7%
Bad Aussee
1833
166
Salzkammergut
16%
145
Pichl
1610
Obersdorf
Bad Mitterndf.
Zauchen
Tauplitz
Tauplitzalm
Weißenbach b. Liezen
21
320
Wörschach
659
Fuchsluke
Hallstatt
23%
Lahn
Obertraun
Kainisch
Krungl
Pürgg
Stainach
Hallstätter See
Winkl
Rieseneishöhle
Großer Grimming
2351
Irdning
Aigen im Ennstal
Dachsteinhöhlen
Krippenstein
Hochmühleck
1720
Sankt Martin am Grimming
E651
Schloss Pichlarn
2052
Hoher Dachstein
2995
Tipschern
Niederöblarn
Dachsteingruppe
Weyern
Gersdorf
Öblarn
Donnersbach
Gröbming
Stein
Ilgenberg
Ramsau a.D.
Weißenbach
Assach
Gatschberg
Aich
Pruggern
Mooshei
Großsölk
75
Mandling
Kulm-Dörfl
51
Pichl
E651
Haus
Gössenberg
Kleinsölk
16%
2051
Donnersbachwald
320
Schladming
Rohrmoos-Untertal
1894
Naturpark
Steiermark
Mößna
Hans-Wödl-H.
Sagschneider
2000
Hochwurzen
Hopfriesen
Sölktäler
Breitlahn-H.
St. Nikolai i. S.
Schladminger Tauern
Wölzer Tauern
11-05
Schober-Sp.
2423
Hochgolling
2863
2863
Predigtstuhl
2545
Sölkpass
(1788)
Greimberg
2474
4
Tauernpasshöhe
(1739)
Lassachbach
Landschitz-Seen
Babaraspitze
2726
2444
Etrach-See
Brennfeldeck
2507
Weißpriach
99
Twenger Talpass
(1381)
Seekapelle
Winkel-kapelle
Ullrichskirche
Berg
Krakaudorf
Feistritz a. K.
Winkler
Tweng
Lessach
Krakauhinter-mühlen
Schöder
St. Peter a. K.
12%
Salzburg
Taurach
Seethal
Ranten
Rinegg
St. Lorenzen
Mariapfarr
St. Andrä im Lungau
Mauterndorf
96
1817
St. Georgen ob Murau
Triebendorf
Tamsweg
2411
Unternberg
96
Murau
St. Michael i. L.
St. Ruprecht-Falkendorf
104
Sankt Martin
Pichlern
1779
1935
Mur
97
15%
Madling
Ramingstein
Stadl an der Mur
Katschberg-pass
(1641)
Thomatal
Predlitz-Turrach
Laßnitz
Schloss Findterstein
Hochofenmus.
Murauer Berge
113
15%
Schwarzwand
2214
2140
2040
12%
Pranker-höhe
2166
1765
2116
1814
Arsenik Schau-hütte
Ochsen-riegel
E55
95
Metnitz
Krems
Innerkrems
2282
Turrach
1822
Kärnten
6
99
10%
12%
2441
Flattnitz
1693
2273
Sommer-rodelbahn
(1783)
Nationalpark
Nockberge
14%
13%
Gurktaler Alpen
1502
Weißberg
1808
Steindorf
Eisentratten

Nationalpark Kalkalpen
Windischgarsten
Hengstpass
(986)
Unterlaussa
Weißenbach a.d.Enns
Altenmarkt b. St. G.
Frenz
Stumpfmauer
1769
Moos
Palfau
Fachwerk
Krippau
St. Gallen
Steirische Eisenwurzen
Großreifling
Kirchenlandl
Gams b.H.
Gamsforst
Wildalp
Mooslandl
NSG
Felsbildermuseum
Spital a. P.
Hasenberg
Spital a.P.
Bosruck-tunnel
1725
Buchauer Sattel (850)
Weng am Gesäuse
Gstatterboden
Hieflau
Kalte Mauer
1926
1549
Ardning
Hall
Pyhrn
Pürgschachen
Oberhofsiedlung
Admont
Ennstaler Gesäuse Alpen
Krautgarten
Eisenerz
Johnsbach
Selzthal
Rottenmann
Bärndorf
Dietmannsdorf bei Trieben
Spielkogl 1754
Radmer a. d. Hasel
910
Erzberg 1465
Eisenerzer Alpen
2044
2126
Trieben
Gaishorn am See
Treglwang
Furth
Schoberpass (849)
Kalwang
1643
1853
Mautern i. S.
Kammern i.Liesingtal
Dörfl
Hohentauern (1265)
Rottenmanner Tauern
Stuhlpfarrer 2303
Bruderkogl
St. Johann a. T.
Kammern
Steiermark
Pletzen 2342
2398
Bretstein-Gassen
Bretstein
Kaisersberg
Kraubath a. d. M.
Tauern
Pusterwald
Zistl
Möderbrugg
Reimüller
Gaal
Seckau
Unter-Fentsch
Prankh
St. Marein
Kobenz
Schöttlkapelle
St. Oswald
Tabakmus.
1108
Lachtal
Oberzeiring
A1-Ring Austria
Spielberg b. Knittelfeld
1194
Glein
Hocheggerwirt
Frauneburg
Enzersdf.
Fohnsdf.
Pöls
Zeltweg
Knittelfeld
Oberwölzstadt
Schönberg-Lachtal
St. Georgen o. J.
St. Peter ob Judenburg
Apfelberg
Wölzer Bach
Scheifling
1746
Judenburg
Oberweg
Weißkirchen i. St.
Kleinlobming
1670
1555
Niederwölz
Teufenbach
Frojach
(995) Perchauer Sattel
Perchau am Sattel
Sperrgebiet
Eppenstein
St. Wolfgang
Gaberl (1547)
1928
Packalpe
St. Lambrecht
Neumarkt i. St.
2306
Obdach
2186
Amering
Kulm a. Zirbitz
Zirbitzkogel 2396
St. Marein b. Neumarkt
(945) Obdacher-sattel
1993
1870
St. Veith
Mühlen
St. Anna am Lavantegg
St. Peter i. Lav.
Aich
Noreia
1874
Pressener Alpe
Reichenfels
Dürnstein i.d.Steiermark
Eibel 1497
St. Martin am Silberberg
Lichtengraben i. Lav.
1612
St. Salvator
Bad St. Leonhard
Pack
1359
Friesach
Grafendorf
Hüttenbg.
Zosen
Eisenhütten-museum
1818
Kliening
Schiefling
Heinr.-Harrer-Mus.
Schmiedemus.
Lölling
Klippitztörl (1644)
10 km
Lavanttal-brücke
Waldenstein
Twimberg
Hausdorf
Lorenzenberg
Micheldorf
Guttaring
Mösel
Kienberg 2050
Preims
Straßburg
Althofen
Bad
A9
E57
E66
A2
S36
S36

St. Georgen a. R.
Lunz a. S.
Gr. Ötscher 1893
Ötscher Tropfsteinhöhlen
Wienerbruck
Annaberg
St. A. a. Neuw.
Göstling a. d. Ybbs
Ybbssteinbach
1581
Gemeindealpe 1636
Mitterbach am Erlaufsee
Bürgeralpe
Gscheid
Göller 1766
Lahnsattel
Neuhaus
Grünau
Mariazell
Rasing
Gußwerk
Halltal
Terz
Kösslberg 1657
Moos
Osch
Salzahammer
Oisching
Frein a. d. Mürz
Fachwerk
1804
Greith
1304
Wegscheid
Niederalpl
Musel
NSG
Weichselboden
Wildalpen
Salza
Gollrad
Mürzsteg
1982
Hohe Veitsch
Brandhof
Seebergsattel (1253)
Kalte Mauer 1926
1549
1939
Hochschwab 2277
Seewiesen
1720
Frauenmauerhöhle
2123
Pretalsattel (1071)
Großve
Hochschwab
Obere Au
Eisenerz
Präbichl (1232)
Erzberg 1465
2044
Buchberg
Innerzwain
Aflenz Kurort
Turnau
St. Ilgen 1514
Oberort
Tragöß
Döllach
Wartberg i. M.
Pogusch
Thörl
St. Laurenti
Pichl
Etmißl
Kindberg
Stanz im M.
Steiermark
Vordernberg
Sattler
Rettenwandhöhle
St. Marein i. M.
Parschlug
Fladenbach
Friedauwerk
St. Katharein a. d. L.
Mürz
Kapfenberg (487)
Arndorf
Breitenthaler
1853
Gimplach
Trofaiach
1345
1449
Kammern i. Liesingtal
Mochl
Bruck a. d. Mur
Leoben
Fischbacher
Donawitz
Pernegg a. d. Mur
Breitenau am Hochlantsch
1722 Hochlantsch
Kammern
Kirchdorf
Kaisersberg
St. Michael i. O.
Hochalpe
Wetterkogel 1643
Kraubath a. d. M.
St. Stefan ob. Leoben
Knoten St. Michael
Jagdschloss Hochalm
Röthelstein
Mur
Prankh
Gleinalmtunnel
Rothleiten
Fladnitz a. d. T.
St. Marein
Preg
1339
Sandnigkogel 1449
1642
Frohnleiten
Schrems b. Fr.
Gleinalpe
Markt Übelbach
Semriach
Arzberg
Glein
Rachau
1988
1456
Neuhof
Schöckl 1445
Deutschfeistritz
Peggau
Lurgrotte
1304
Geistthal
Friesach
1670
1555
Gschnaidt
Stübing
St. Ra b. G.
Graden
Kainach b. V.
Stattegg
1624
Gaberl (1547)
Salla
Aßling
Gratwein
Gratkorn
Weinitzen
Södingberg
Judendorf-Straßengel
GRAZ
1928
St. Oswald b. Pl.
Thal bei Graz
Plabutschtunnel
Maria Lankowitz
Bärnbach
Köflach
Voitsberg
Gößnitz
Stallhofen
Hitzendf.
Eggenberg
Packalpe
Hirschegg
Bernau
Strassgang
Knoten Graz-W
Edelschrott
Attendorf
Seiersberg
Feldkchn.
Packsattel
Mooskirchen
116

Gschaiderwirt
Kienstein
Rohrer Sattel (864)
Gutenstein
Miesenbach
Waldegg-Balbersdorf
Wöllersdorf
Steinabrückl
Hohe Wand
Bad Fischau
Eisenstein-höhle
Preineckkogel 1449
Schwarzau im Gebirge
Klostertaler Gscheid
Voismaut
Puchberg a. S.
Grünbach a. S.
Unterhöflein
Willendorf
Weikersdf. a.St.
Wiener Neustadt
Niederösterreich
Singerin
Schneeberg 2076
Höllental
Sierningtal
Knoten Wiener Neustadt
Neunkirchen
Naßwald
Hirschwang a. d. Rax
Sieding
Reichenau a. d. Rax
Ternitz
Pitten
Bad Erlach
Schneealpe 1903
Raxalpe
Semmeringbahn
Prigglitz
Knoten Seebenstein
Seebenstein
Neuberg a.d.M.
Altenberg a.d.Rax
Prein a. d. R.
Wartmannstetten
Thernberg
Brom-berg
Stojen (1070)
Gloggnitz
Raxen
Schottwien
Altendorf
Warth
Kapellen
Kohleben
Semmering Kurort
Hermannshöhle
Grimmenstein
Mürzzuschlag
Spital a. S.
(985)
Kirchberg a.Wechsel
Edlitz
Lichtenegg
Tratten-bach
Feistritz a.Wechsel
Thomasberg
Bucklige Welt
Molzegg
Aspang Markt
1782
Fischbachertal
Hoch-reit 1446
Wechsel 1743
Mariensee
Thal
Krumbach Markt
Alpl
Fischbacher Alpen
Rettenegg
Feistritzwald
Mönichkchn.
Zöbern
Steiermark
St. Kathrein a. Hauenstein
Ratten
St. Jakob im Walde 928
Schaueregg
Schäffern
Höhwirt
Mönichwald
Fischbach
Waldbach
Pinggau
Friedberg
Maltern
Historische Dampfzüge
Strallegg
Wenigzell
Vorau
Bernstein
Miesenbach bei Birkfeld
Rohrbach a. d. L.
Neustift a. d. L.
Wiesfleck
Pinkafeld
Gschaid-Birkfeld
Ober-schützen
Grafendorf bei Hartberg
Loipersdf.
Burgenländisches Freilichtmuseum
Naturpark Pöllauer Tal
Saifen-Boden
Pöllauberg
Kitzladen
Koglhof
1280
Pöllau
867
Wagendorf
Markt Allhau
Oberwart
Hartberg
Anger
Schönegg bei Pöllau
Burgenland
Unterwart
Feistritz b. Anger
Naas
Stubenberg
Dieners-dorf
Wolfau
Kemeten
Stubenberger See
Rohr b.Hartberg
Puch b.Weiz
Kaindorf
Weiz
Schloss Herberstein
St. Magdalena a. Lemberg
Oberdorf i. Bgld.
Elzersdorf
Kaibing
Ebersdorf
Sebersdorf
Litzelsdorf
Stinatz
Rollsdorf
Ilzbach
Pischelsdf. i. Stmk.
Lafnitz
Neudau
Mitterdf. a. d. R.
Kroisbach a. d. F.
Bad Waltersdf.
Stegersbach
St. Ruprecht a. d. Raab
Burgau
Ilztal
Obgrün
Bocksdorf
Eggersdorf b.Graz
Fünfing
Bad Blumau
Rohr im Bgld.
Gleisdorf
Sinabelkirchen
Ludersdorf
Ilz
Bierbaum a. d. Safen
Eisenhüttl
Langegg-bei Graz
Hofstätten
Walkersdf.
Altenmarkt
Kukmirn
Schl. Erka
St. Margarethen a. d. Raab
Markt Hartmannsdorf
Rudersdorf
Fürstenfeld
Neustift bei Güssing
Auersbach
Söchau
Krumegg
St. Marein b. Graz
Eichkögl
Übersbach
Loipersdorf b.Fürstenfeld
Eltendorf
Petersdorf II.
Studenzen
Riegersburg
398
Königsdorf
10 km

117

Leoben
Kammern
Kaisersberg
Kraubath a. d. M.
St. Michael i.O.
St. Stefan ob. Leoben
Knoten St.Michael
Prankh
Preg
St. Marein
Gleinalmtunnel
Hochalpe
Wetterkogel
Jagdschloss Hochalm
Sandnigkogel
Gleinalpe
Kirchdorf
Pernegg a.d.Mur
Röthelstein
Rothleiten
Frohnleiten
Markt Übelbach
Neuhof
Deutschfeistritz
Peggau
Lurgrotte
Semriach
Schöckl
Arzberg
Schrems b. Fr.
Fladnitz a. d. T.
am Hochlantsch
Hochlantsch
Glein
Rachau
Geistthal
Gschnaidt
Kainach b. V.
Friesach
Stübing
Gratwein
Gratkorn
Judendorf-Straßengel
Stattegg
Kumberg
Weinitzen
GRAZ
Graden
Gaberl (1547)
Salla
Aßling
Södingberg
St. Oswald b. Pl.
Plabutschtunnel
Maria Lankowitz
Bärnbach
Köflach
Voitsberg
Gößnitz
Stallhofen
Bernau
Hitzendf.
EGGENBERG
STRASSGANG
Knoten Graz-W
Seiersberg
Feldkchn.
Packalpe
Hirschegg
Edelschrott
Rosental a.d.Kainach
Gaisfeld
Krottendorf
Attendorf
Ligist
Mooskirchen
Pack
Packsattel (1106)
St. Martin am Wöllmißberg
Stein-berg
Fernitz
Kalsdf. b. Gr.
Dobl
Kaiserwald
Modriach
Reinischkogel
Gundersdf.
Preitenegg
Waldenstein
Rosenkogel
St. Stefan ob St.
Rossegg
St. Josef (Weststmk.)
Wundschuh
Zwaring
Marhof
Kamp
Bärofen
St. Oswald i. F.
Stainz
Pöls
Weitendorf
Frantschach-
Osterwitz
Gams ob Fr.
Stainztal
Preding
Hengsberg
Kärnten
Koralpe
Freiland b. D.
Geipersdorf
Deutschlandsberg
Rassach
Frauental a. d. L.
Groß St.Florian
Wettmannstätten
St.Nikolai i.Sausal
Sulm
Lang
Maxlon
Neudorf i. S.
Tillmitsch
Glashütten
Gressenberg
Gr. Speikkogel
Riegelsdorf
Hollenegg
Unterbergla
St.Andrä-Höch
Kitzeck i. Sausal
St.Ulrich
Garanas
Schwanberg
St. Martin i. S.
Steirische Weinstr.
Pistorf
Heimschuh
Gemmersdf.
Freidorf
Gleinstätten
Kleinalpl
Großklein
Wielfresen
Wernersdorf
Wies
Radiga
Kreuzberg
St. Georgen i. L.
St.Johann im Saggautal
Rauch-stubenhaus
Feisternitz
St. Paul
Lavant
St. Oswald ob E.
Aibl
Eibiswald
Oberhaag
Arnfels
Leutschach
Soboth
Hart
Radlpass (674)
Schloßberg
Lavamünd
Remšnik
Kozjak
Vrata
Muta
Radlje ob Dr.
Brezno
Javnik
Ožbalt
Sv.Duh
Strojna
Crnece
Sv.Boštjan
Dravograd
Dobrova pri
Vuzenica
Vuhred
Podvelka
Drava
Prevalje
Meža
Bukovska vas
Sv. Primož
Janževski Vrh
Fala
Pušèava
Poljana
Ravne n. K.
Troblje
Ribnica na P.
Recenjak
Lovrenc na P.
Polena
Podgora
Slovenj Gradec
Legen
Pohorje
SLOVENIJA

D
E
F
Gschaid-Birkfeld
Neustift a. d. L.
Pinkafeld
Ober-schützen
Grafendorf bei Hartberg
Pöllauberg
Naturpark
Pöllauer
Tal
Loipersdf.
Burgenländisches Freilichtmuseum
Kitzladen
Koglhof
Saifen-Boden
1280
Pöllau
867
Wagendorf
Markt Allhau
Oberwart
Hartberg
Schönegg bei Pöllau
Anger
Feistritz b. Anger
Stubenberg
Burgen-
Unterwart
Naas
Diener-dorf
Wolfau
Rohr b.Hartberg
Kemeten
Puch b.Weiz
Stubenberger See
Kaindorf
land
Weiz
Schloss Herberstein
St. Magdalena a. Lemberg
Litzelsdorf
Elzersdorf
Kaibing
Ebersdorf
Stinatz
Rollsdorf
Pischelsdf. i. Stmk.
Neudau
Ilzbach
Kroisbach a. d. F.
Bad Waltersdf.
Stegersbach
Mitterdf. a. d. R.
St. Ruprecht a. d. Raab
Burgau
Bocksdorf
Eggersdorf b.Graz
Ilztal
Obgrün
Bad Blumau
Rohr im Bgld.
Gleisdorf
Fünfing
Sinabelkrichen
Eisenhüttl
Ludersdorf
Ilz
Bierbaum a. d. Safen
Kukmirn
Altenmarkt
Hofstätten-
Langegg-bei Graz
Markt Hartmannsdorf
Walkersdf.
Ruders-dorf
Gerersdorf
Schl. Erka
St. Margarethen a. d. Raab
Fürstenfeld
Neustift bei Güssing
Söchau
Krumegg
St. Marein b. Graz
Eichkögl
Auersbach
Übersbach
Loipersdorf b.Fürstenfeld
Riegersburg
Königsdorf
Eltendorf
Petersdorf II.
Studenzen
Stein
Heiligenkreuz im Lafnitztal
Edel-stauden
Mehlteuer
Edelsbach b. Feldb.
Hatzendorf
398
Unterlamm
Kirchbg. a. d. R.
Schloss Kornberg
Gniebing
Lödersdorf
Weinberg
Wallendorf
Jammering
Hohenbrugg
Mogersdorf
Weißenbach
Zerlach
Kirchbach i. St.
Axberg
Paldau
Feldbach
Pertlstein
Fehring
Raab
Jennersdf.
Alsószölnök
431
Schl. Stein
Perlsdorf
St. Martin a.d. Raab
Őrségi Nemzeti Park
Pesendorf
St. Stefan i. R.
Kohlberg
Maierdorf
Gossendorf
Minihof
Kétvölgy
Felsőszölnök
Mitterlabill
Obergnas
Kapfenstein
St. Georgen a. d. St.
Glojach
Gnas
Raning
Bad Gleichenbg.
Tauka
Ungerdf.
Poppen-dorf
Waltra
Trdkova
Ženavlje
Ragnitz
Wolfsberg i.Schwarzautal
Trössing
Merkendorf
St. Anna a. A.
Kuzma
Karbach
418
Serdica
Vidonci
Sajach
Mettersdorf
Dietersdf. a. Gn.
Straden
Neusetz
Sv. Jurij
Grad
Gabersdorf
Siebing
St. Peter a. O.
Hart b. Straden
D.
Slaveči
Mačkovci
Tieschen
Priebing
Schrötten
Deutsch Goritz
Klöch
Pertoča
Motovilci
Poznanovci
397
Mošeanci
Eich-feld
Ratschendorf
Bodonci
Vaneča
Oberrakitsch
Cankova
Šalmenci
Sebeborci
Gosdorf
Mura
Halbenrain
Murfeld
Mureck
Žiberci
Črnci
Bad Radkersburg
Puconci
Šentilj
Sladki Vrh
Ščavnica
Rožengrunt
Lešane
Petrovci
Polana
Martjanci
Šomat
G. Radgona
Tišina
Murska Sobota
Polička vas
Nasova
Mele
Zagajski vrh
Ihova
Radenci
Krog
Slovenske
Jareninski
Sp. Gasteraj
Žice
Radvenci
Vučja vas
Lipovci
Benedikt v S. g.
Murska Sobota
Jurovsko Dol
Ocoslavci
Doklezovje
Kamnica
Osek
Cogetinci
Veržejo
Lenart v S.g.
Cerkvenjak
Banovci
N
I
J
A
Videm
Berkovci
10 km
Mota
Sp. Voličina
Pesnica
Novinci
Lukavci
Zimica
Zavrh
Drbetinci
Ljutomer
Zg. Duplek
Moravci
Cezanjevci
Miklavž na D. P.
goric
BOR

KARTENLEGENDE

- 18 26 — Autobahn mit Anschlussstellen / Motorway with junctions
- Autobahn in Bau / Motorway under construction
- Mautstelle / Toll station
- Raststätte mit Übernachtung / Roadside restaurant and hotel
- Raststätte / Roadside restaurant
- Tankstelle / Filling-station
- Autobahnähnliche Schnellstraße mit Anschlussstelle / Dual carriage-way with motorway characteristics with junction
- Fernverkehrsstraße / Trunk road
- Durchgangsstraße / Thoroughfare
- Wichtige Hauptstraße / Important main road
- Hauptstraße / Main road
- Nebenstraße / Secondary road
- Eisenbahn / Railway
- Autozug-Terminal / Car-loading terminal
- Zahnradbahn / Mountain railway
- Kabinenschwebebahn / Aerial cableway
- Eisenbahnfähre / Railway ferry
- Autofähre / Car ferry
- Schifffahrtslinie / Shipping route
- Landschaftlich besonders schöne Strecke / Route with beautiful scenery
- Alleenstr. — Touristenstraße / Tourist route
- XI-V — Wintersperre / Closure in winter
- Straße für Kfz gesperrt / Road closed to motor traffic
- 8% — Bedeutende Steigungen / Important gradients
- Für Wohnwagen nicht empfehlenswert / Not recommended for caravans
- Für Wohnwagen gesperrt / Closed for caravans

- *Wartenstein* / *Umbalfälle* — Sehenswert: Kultur - Natur / Of interest: culture - nature
- Badestrand / Bathing beach
- Besonders schöner Ausblick / Important panoramic view
- Ausflüge & Touren / Excursions & tours
- Nationalpark, Naturpark / National park, nature park
- Sperrgebiet / Prohibited area
- Kirche / Church
- Kloster / Monastery
- Schloss, Burg / Palace, castle
- Moschee / Mosque
- Ruinen / Ruins
- Leuchtturm / Lighthouse
- Turm / Tower
- Höhle / Cave
- Ausgrabungsstätte / Archaeological excavation
- Jugendherberge / Youth hostel
- Allein stehendes Hotel / Isolated hotel
- Berghütte / Refuge
- Campingplatz / Camping site
- Flughafen / Airport
- Regionalflughafen / Regional airport
- Flugplatz / Airfield
- Staatsgrenze / National boundary
- Verwaltungsgrenze / Administrative boundary
- Grenzkontrollstelle / Check-point
- Grenzkontrollstelle mit Beschränkung / Check-point with restrictions
- **WIEN** — Hauptstadt / Capital
- **GRAZ** — Verwaltungssitz / Seat of the administration

FÜR IHRE NÄCHSTE REISE

gibt es folgende MARCO POLO Titel:

DEUTSCHLAND
Allgäu
Amrum/Föhr
Bayerischer Wald
Berlin
Bodensee
Chiemgau/Berchtesgadener Land
Dresden/Sächsische Schweiz
Düsseldorf
Eifel
Erzgebirge/Vogtland
Franken
Frankfurt
Hamburg
Harz
Heidelberg
Köln
Lausitz/Spreewald/Zittauer Gebirge
Leipzig
Lüneburger Heide/Wendland
Mark Brandenburg
Mecklenburgische Seenplatte
Mosel
München
Nordseeküste Schleswig-Holstein
Oberbayern
Ostfriesische Inseln
Ostfriesland/Nordseeküste Niedersachsen/Helgoland
Ostseeküste Mecklenburg-Vorpommern
Ostseeküste Schleswig-Holstein
Pfalz
Potsdam
Rheingau/Wiesbaden
Rügen/Hiddensee/Stralsund
Ruhrgebiet
Sauerland
Schwäbische Alb
Schwarzwald
Stuttgart
Sylt
Thüringen
Usedom
Weimar

ÖSTERREICH | SCHWEIZ
Berner Oberland/Bern
Kärnten
Österreich
Salzburger Land
Schweiz
Steiermark
Tessin
Tirol
Wien
Zürich

FRANKREICH
Bretagne
Burgund
Côte d'Azur/Monaco
Elsass
Frankreich
Französische Atlantikküste
Korsika
Languedoc-Roussillon
Loire-Tal
Nizza/Antibes/Cannes/Monaco
Normandie
Paris
Provence

ITALIEN | MALTA
Apulien
Capri
Dolomiten
Elba/Toskanischer Archipel
Emilia-Romagna
Florenz
Gardasee
Golf von Neapel
Ischia
Italien
Italienische Adria
Italien Nord
Italien Süd
Kalabrien
Ligurien/Cinque Terre
Mailand/Lombardei
Malta/Gozo
Oberital. Seen
Piemont/Turin
Rom
Sardinien
Sizilien/Liparische Inseln
Südtirol
Toskana
Umbrien
Venedig
Venetien/Friaul

SPANIEN | PORTUGAL
Algarve
Andalusien
Barcelona
Baskenland/Bilbao
Costa Blanca
Costa Brava
Costa del Sol/Granada
Fuerteventura
Gran Canaria
Ibiza/Formentera
Jakobsweg/Spanien
La Gomera/El Hierro
Lanzarote
La Palma
Lissabon
Madeira
Madrid
Mallorca
Menorca
Portugal
Sevilla
Spanien
Teneriffa

NORDEUROPA
Bornholm
Dänemark
Finnland
Island
Kopenhagen
Norwegen
Oslo
Schweden
Stockholm
Südschweden

WESTEUROPA | BENELUX
Amsterdam
Brüssel
Dublin
Edinburgh
England
Flandern
Irland
Kanalinseln
London
Luxemburg
Niederlande
Niederländische Küste
Schottland
Südengland

OSTEUROPA
Baltikum
Budapest
Danzig
Estland
Kaliningrader Gebiet
Krakau
Lettland
Litauen/Kurische Nehrung
Masurische Seen
Moskau
Plattensee
Polen
Polnische Ostseeküste/Danzig
Prag
Riesengebirge
Russland
Slowakei
St. Petersburg
Tallinn
Tschechien
Ukraine
Ungarn
Warschau

SÜDOSTEUROPA
Bulgarien
Bulgarische Schwarzmeerküste
Kroatische Küste/Dalmatien
Kroatische Küste/Istrien/Kvarner
Montenegro
Rumänien
Slowenien

GRIECHENLAND | TÜRKEI | ZYPERN
Athen
Chalkidiki
Griechenland Festland
Griechische Inseln/Ägäis
Istanbul
Korfu
Kos
Kreta
Peloponnes
Rhodos
Samos
Santorin
Türkei
Türkische Südküste
Türkische Westküste
Zakinthos
Zypern

NORDAMERIKA
Alaska
Chicago und die Großen Seen
Florida
Hawaii
Kalifornien
Kanada
Kanada Ost
Kanada West
Las Vegas
Los Angeles
New York
San Francisco
USA
USA Neuengland/Long Island
USA Ost
USA Südstaaten/New Orleans
USA Südwest
USA West
Washington D.C.

MITTEL- UND SÜDAMERIKA
Argentinien
Brasilien
Chile
Costa Rica
Dominikanische Republik
Jamaika
Karibik/Große Antillen
Karibik/Kleine Antillen
Kuba
Mexiko
Peru/Bolivien
Venezuela
Yucatán

AFRIKA | VORDERER ORIENT
Ägypten
Djerba/Südtunesien
Dubai
Israel
Jerusalem
Jordanien
Kapstadt/Wine Lands/Garden Route
Kapverdische Inseln
Kenia
Marokko
Namibia
Qatar/Bahrain/Kuwait
Rotes Meer/Sinai
Südafrika
Tansania, Sansibar
Tunesien
Vereinigte Arabische Emirate

ASIEN
Bali/Lombok
Bangkok
China
Hongkong/Macau
Indien
Indien/Der Süden
Japan
Kambodscha
Ko Samui/Ko Phangan
Krabi/Ko Phi Phi/Ko Lanta
Malaysia
Nepal
Peking
Philippinen
Phuket
Rajasthan
Shanghai
Singapur
Sri Lanka
Thailand
Tokio
Vietnam

INDISCHER OZEAN | PAZIFIK
Australien
Malediven
Mauritius
Neuseeland
Seychellen
Südsee

REGISTER

In diesem Register sind alle im Reiseführer erwähnten Orte und Ausflugsziele aufgeführt. Halbfette Seitenzahlen verweisen auf den Haupteintrag.

> SCHREIBEN SIE UNS

Liebe Leserin, lieber Leser,

wir setzen alles daran, Ihnen möglichst aktuelle Informationen mit auf die Reise zu geben. Dennoch schleichen sich manchmal Fehler ein – trotz gründlicher Recherche unserer Autoren/innen. Sie haben sicherlich Verständnis, dass der Verlag dafür keine Haftung übernehmen kann.

Wir freuen uns aber, wenn Sie uns schreiben.

Senden Sie Ihre Post an die MARCO POLO Redaktion, MAIRDUMONT, Postfach 3151, 73751 Ostfildern, info@marcopolo.de

IMPRESSUM

Titelbild: Turnau, Wirtshaus Steirereck am Pogusch (Laif: Stukhard)
Fotos: Almdorf Reiteralm (15 o.); G. Amberg (28); ARGUS Steiermark (14 M.); art & event – Theaterservice Graz GmbH: Robert Illemann (14 u.); Café Bar Orange (96 o. l.); A. Ericson (122); © fotolia.com: Gornist (97 u. r.), Tony (96 u.r.); Graz Tourismus: Harry Schiffer (96 M. l.); Huber: Gräfenhain (U. r., 4 r., 16/17, 52/53, 80/81, 82, 90, 101, 110/111), Leimer (30/31), Mezzanotte (23), Mirau (98/99); Robert Illemann (96 M. r.); Mario Ivanic (15 u.); kay double U - Karin Wintscher Zinganel: Björn Richie (14 o.); Reinhard Kleindl (12 o.); Koblitz Kulturmanagement: Ditz Feier (13 o.); Kreuzwirt am Pössnitzberg: Lehmann (13 u.); Laif: Kuerschner (56/57), Stukhard (1), Zanettini (39); Österreichischer Skulpturenpark: Michael Schuster (12 u.); D. Renckhoff (U. l., U M., 2 l., 2 r., 3 l., 3 M., 3 r., 4 l., 5, 6/7, 8/9, 11, 19, 20, 22, 22/23, 24/25, 27, 28/29, 29, 32, 34, 37, 38, 40, 43, 44/45, 46, 48, 50, 55, 58, 60, 63, 64, 66/67, 68/69, 70, 72, 75, 76, 78, 85, 87, 89, 92/93, 95, 102/103, 104, 105); T. Stankiewicz (26); Josef E. Tschida (97 M. l.); Vinofaktur (97 o. l.); Weitzer Hotels BetriebsgesmbH, Restaurant „Der Steirer": Veronika Stabinger (97 M. r.)

1. Auflage 2010

Chefredaktion: Michaela Lienemann (Konzept, Chefin vom Dienst), Marion Zorn (Konzept, Textchefin)
Autorin: Anita Ericson; Redaktion: Andrea Mertes
Programmbetreuung: Silwen Randebrock; Bildredaktion: Gabriele Forst
Szene/24h: wunder media, München
Kartografie Reiseatlas: © MAIRDUMONT, D-73751 Ostfildern
Innengestaltung: Zum goldenen Hirschen, Hamburg; Titel/S. 1–3: Factor Product, München

Printed in Germany. Gedruckt auf 100% chlorfrei gebleichtem Papier

> UNSERE AUTORIN

MARCO POLO Insiderin Anita Ericson im Interview

Die Österreicherin kennt die Steiermark seit ihrer Kindheit. Die Region ist für die Reisejournalistin zur zweiten Heimat geworden.

Was reizt Sie an der Steiermark?

Was ich an diesem Land so mag, das ist die Abwesenheit großer, urbaner Zentren. Stattdessen gibt es entzückende historische Städte und herrliche Bauerndörfer. Und natürlich die wunderbare Natur, die zu jeder Jahreszeit einen besonderen Reiz hat. Etwa die Thermenregion, in der das erste Grün schon sprießt, während im übrigen Österreich noch tiefer Winter herrscht. Im Sommer steht bei mir ganz klar das Bergerlebnis im Vordergrund: Ich gehe wandern, gerne auch von Hütte zu Hütte. Im Herbst steht ein Besuch bei den Weinbauern in der Südsteiermark auf dem Programm – bevor es dann im Winter zum Skifahren nach Schladming oder ans nahe Stuhleck geht.

Sind Sie oft in der Steiermark?

Ja, mindestens neunmal im Jahr. Ich liebe meine Heimat, zu der ich auch die Steiermark zähle, und es bereitet mir riesiges Vergnügen, auf der Suche nach guten Geschichten und Infos durchs Land zu ziehen. Mit meiner langjährigen Erfahrung als Reisejournalistin besitze ich außerdem das nötige Know-how, um eine derart vielschichtige Region in ein Buch zu packen, ohne ein einziges Highlight oder besondere Insidertipps auszulassen.

Mögen Sie die steirische Küche?

Grundlegend unterscheidet sich die steirische Küche nicht von der österreichischen. Die Spezialitäten jedoch habe ich sogar für meine Küche daheim übernommen. Besonders mag ich Backhendl mit Vogerlsalat. In jüngster Zeit entdeckt habe ich das Filet vom Almochsen: Es ist zart wie Butter und trotzdem kräftig im Geschmack. Bei den Weinen habe ich einen klaren Favoriten: den vollmundigen Olivin, ein im Barrique ausgebauter Zweigelt des Weinguts Winkler-Hermaden.

Und was tun Sie in Ihrer Freizeit?

Ich entspanne im Garten oder beim Waldspaziergang, besonders gut auch auf dem Hundeplatz, wo ich Agility-Sport betreibe: Dabei muss ich das Tier möglichst fehlerfrei über einen Hindernisparcours dirigieren. Verspricht der Wetterbericht Sonne, mache ich mit dem Hund einen Ausflug – rein in die Natur, und zum Abschluss ein gutes Essen.

Das klingt idyllisch – wo genau leben Sie?

In einem Haus mit Garten im Wienerwald, ganz nah an Wien und doch mitten im Grünen. Da ich selbstständig bin, habe ich auch mein eigenes Büro, das im Untergeschoss mit Blick auf Sträucher, Bäume und Schwimmteich untergebracht ist. Da ist es manchmal ganz schön schwierig, am Schreibtisch zu bleiben, wenn draußen die Sonne lacht.